WEST POINT

U0863696

西点军规

世界500强企业卓越员工的22条黄金准则

中国三峡出版社

图书在版编目（CIP）数据

西点军规 / 商鉴军编著. —北京：中国三峡出版社，2009.12（2014.4重印）
ISBN 978-7-80223-566-3

Ⅰ. 西… Ⅱ. 商… Ⅲ. 企业管理：人事管理
Ⅳ. F272.92

中国版本图书馆CIP数据核字（2009）第190494号

中国三峡出版社出版发行
（北京市西城区西廊下胡同51号 100034）
电话：(010) 66112758 66118308
http: //www.zgsxcbs.cn
E-mail: sanxiaz@sina.com

北京上元柏昌印刷有限公司印刷 新华书店经销
2014年4月第1版第3次印刷
开本：787×1092毫米 1/16 印张：15
字数：200千字
ISBN 978-7-80223-566-3 定价：29.80元

前言

世界500强企业的优秀员工总是有某些共同的特质，这些特质和他们从事的工作无关，完全体现在个人的心态和思维上。正是因为他们有了良好的心理状态和正确的做事原则，他们才会获得预期的结果。

在不同的成长轨迹中，一些本质的东西却是相同的，那就是优秀员工应该具备的基本素质。这些基本素质是他们的成长之本、进步之源。只要用心去做，没有什么是做不到的。

随着世界500强企业资产的不断攀升，这些员工也日益成为万众瞩目的焦点，其他企业想招揽这样的员工，以增强公司的竞争力，创造更多的价值，别的员工则梦想着成为这样的员工，谋求更好的发展平台，实现自身的更大价值。

世界500强企业之所以能创造出亿万财富，其成功不仅仅是因为管理者的经营有方，更是因为他们旗下汇聚了一大批优秀的员工。比尔·盖茨曾说如果抽走微软核心的20个员工，微软将一钱不值。

500强企业的员工也是凡人，他们也是从普通员工 步步走来的。他们的成功有自身努力的因素，也与企业的培养和历练有关，这两方面的因素成就了他们，同时也意味着他们的成长是有迹可循的。这让许多梦想招揽到这种好员工的企业以及梦想成为这类优秀员工的个人看到了希望。

每个企业都有自己的特色，比如戴尔公司最看重员工的忠诚，IBM则注重员工的多元化团队合作意识。沃尔玛看重的是员工的沟通能力。每个企业都有自己的模式，但是如果全部照搬，不仅对员工个人来说并非易事，对企业来说也是不现实的。

世界 500 强企业的管理理念很多都来自于美国西点军校的 22 条军规。西点学子把西点的管理理念带到了各行各业，取得了卓越的成效。西点军校的训练理念也一直为许多大公司所推崇。

在西点军校，造就了许多美国总统，诞生了无数的美国名将，也培养了大批杰出军事家和政治家。另外，从西点走出来的商业奇才也不是其他任何一个商学院可以比拟的，“美国其他院校教授的仅仅是管理方法和技巧，而西点除此以外，还塑造管理者的灵魂”。

许多跨国公司的 CEO、董事长、总经理等高级管理人才均毕业于西点军校。西点军校早已成了美国的骄傲和象征，也是每一个莘莘学子神往的地方。

许多大公司都有模拟西点“野兽营”的“野战军事训练营”，也会定期举行一些“拓展训练”、“定向运动”，这些都旨在培养员工挑战极限的勇气与克服困难的激情与毅力。

最优秀的人才总是希望进入最优秀的企业。而每一个优秀的企业，都在诠释、创造、奉行和实践着自己的企业文化、职业精神和价值观念。

本书针对企业和公司对其员工职业精神与价值观念建设和实践的需求，以西点军校的 22 条军规作为基本框架，并结合世界 500 强企业的具体案例进行了详细论述。

本书的最大特点是理论与实际相结合，既有西点军校的具体理念，又有实际公司的案例，旨在培养适合企业未来发展需要的优秀员工，适合企业作为培训员工的读本。

目　录

第一章　绝对服从

西点基地学院院长霍金斯上校说："在你能够管理之前，你应该学会怎样服从。"西点学员在个人与集体的利益产生冲突的时候，个人要服从集体的权威。但是服从绝不仅仅是机械地遵照上级的指示那么简单。服从需要个人付出极大的努力，必要时在一定限度内牺牲个人的自由、甚至生命。

军规一　绝对服从 …………………… 003

服从是一个优秀员工基本的工作理念，一个优秀的员工必须认同公司的企业文化，忠诚地做好自己分内的工作，严格遵守公司的纪律和规范。

养成服从的好习惯 …………… 003
主动工作，学会服从 ………… 006
会服从的人才会管理 ………… 008

四个标准答案看执行 …………… 010
服从也需要技巧 ……………… 012

军规二　没有任何借口 …………… 016

西点军规“没有任何借口”传达了这样一个理念：做任何事都要用心去做，没有任何借口，并且立即去做，绝不能拖延，只有这样办事才会有效率，也只有这样才会取得一些不凡的业绩。

不找借口找方法 ……………… 016
与其抱怨，不如行动 …………… 021
没有规矩不成方圆 ……………… 023
纪律是成功的基石 ……………… 025

军规三　细节决定成败 …………… 028

不要瞧不起小事，只有做好小事才能成就大事，只有做好细节才能成就完美。能把每一件小事做好，就是不简单，而成功就是源于对细节的追求。总之一句话：“天下大事，必做于细。”熟知细节是管理者的训练之道；注重细节则反映出员工的责任心，细微之处见精神。

不要瞧不起小事 ……………… 028
把每件小事都用心做好 ………… 031
成功源自细节的追求 …………… 033
天下大事，必做于细 …………… 036
决不能忽视关键细节 …………… 039

军规四　向上司学习 …………… 041

作为一名士兵，就要尊敬自己的长官，并且要以长官为榜样，向长官学习。在企业中，作为一名领导者，必然有其过人之处，员工同样要尊重自己的领导，处处以上司为师，从而上下级的关系才能和谐。领导更要以身作则，为员工树立榜样。

换个角度看上司 ……………… 041
以上司为榜样 ………………… 044
像老板一样思考 ……………… 046
对老板充满感激 ……………… 049

第二章　团队至上

西点毕业生、著名将军威廉·丁·谢尔曼说："我们的团队合作能力来自于谦逊，我们看到了每个人身上的优点，并去尊崇、超越，从而完善自我。"

军规五　始终坚持荣誉原则 ……… 053

西点军校之所以能够充满活力、经久不衰，一个很重要的原因就是它始终坚持把荣誉教育贯穿到整个教育的始终。无论西点怎样发展，西点人都会铭记他们的校训：国家、荣誉、责任。优秀的公司必须尊重社会价值，为公益作贡献，努力发展出色而可信赖的团体，塑造良好形象。

荣誉来自崇高的道德 ………… 053
说谎只能让你一败涂地 ……… 056
超越平庸，追求卓越 ………… 058
荣辱与共，不断拼搏 ………… 060

军规六　一定要做到受人欢迎 …… 064

西点学员、美国汽车保险公司总经理麦克·德莫特说："军人并不是一个让人敬而远之的角色，事实上，当人们有困难时，肯定会把我们当做上帝的使者，军人永远是受大家欢迎的。”管理者在任何时候、任何场合都要保持礼貌，温文尔雅，不可摆出上司的架子。

记住别人的名字 …………………… 064
重视时间的价值 …………………… 066
要学会欣赏别人 …………………… 071
礼貌是必不可少的标准 ………… 072
懂得关心别人才能受人欢迎 --- 074

军规七　善于合作 …………………… 075

团队制定共同的目标，并且能让每位成员分享整体的成功以加强向心力。只有善于合作，才能把企业做大、做强。一个员工是否具有团队合作的精神，将直接关系到公司的业绩。作为一个公司中的个体，只有把自己融入到整个公司之中，凭借整个集体的力量，才能把自己所不能完成的棘手问题解决好。

为自己的错误付出代价 ………… 075
相互协作，共同进步 …………… 077
创造一个共同的目标 …………… 082
合作达到双赢 ……………………… 083
沟通解决问题 ……………………… 087

军规八　培养团队精神 …………… 091

西点军校非常注重培养学员的团队精神。因为一个人的成功并不是真正的成功，团队的成功才是最大的成功。世界顶级企业都强调团队的整体建设。团队精神是达成大目标的最关键条件，高度的团队效率则是公司力量之所在。

要具备团队精神 ………………… 091
团队的成功就是个人的成功 - - - 096
最强的团队必然拥有最强的个体 100
目标一致才能建设高效团队 - - - 102
信任你的伙伴是团队精神的体现 103

第三章 充满激情

西点戴维·格立森将军说："要想获得这个世界上的最大奖赏，你必须拥有过去最伟大的开拓者所拥有的将梦想全部转化为价值的献身热情，以此来发展和展示自己的才能。"

军规九 努力做到最好 ……………… 107

在西点的训练中，有很多都是充斥着危险和严酷的，而这些训练，锻造了西点军人刚毅的性格和不屈不挠的精神。任何一家想在竞争中取胜的公司都必须设法先使每个员工做到最好。没有做到最好的员工就无法给顾客提供高质量的服务，也难以生产出高质量的产品。

永远不要说做得够好了 ……… 107
要么成为强者，要么被淘汰 - - - 110
抓住最有利的时机 ……………… 112
坚持争做第一 …………………… 117
效率是成功的第一要素 ……… 119

军规十 敢于冒险 ……………………… 124

西点军校崇尚"理性的勇敢"，即负责任的勇敢，而不是单纯的血气冲动。有志于在公司有所作为的员工必须要有冒险精神才能发掘自身潜能。要想出人头地，首先就要肯定自己。公司决策者更需要坚定的信念，在困难面前决不退缩，要坚持到最后，直到胜利。

面对危险要迎难而上 ………… 124
不敢冒险实际是消极冒险 …… 126
永远站在最前面 …………… 129
在困难面前决不退缩 ……… 131
敢于挑战自我 ……………… 135

军规十一　火一般的热情 ………… 137

热情是促进团队合作的润滑剂，也是个人品质的表现。热情可以使人释放出潜在能量，发展出坚强个性。西点训练新学员学习和执行任务中的积极性，让他们倾注激情，在快乐中圆满地完成任务，调动学员的热情就是西点军事训练中的核心内容。

对待工作要充满热忱 ………… 137
激情成就梦想 ……………… 140
乐观、坚强的品性是成功的法宝 144

军规十二　不断提升自己 ………… 146

西点军校第一任校长、著名政治家和科学家乔纳森·威廉斯曾说："不管你有多么伟大，你依然需要提升自己，如果你停滞在现有的水平上，事实上你是在倒退。"作为企业的一员，就要不断提升自我。有时候一帆风顺可能成为成长的阻力，只有终生学习才能掌握未来；要善于在工作中学习新的知识和技能。争取参加一些有益的培训来提升自我。不要羡慕别人的高薪，因为天下没有免费的午餐，要想拿高薪，必先付出自己的努力。

终身学习，不断提高 ………… 146
善于在工作中学习 ………… 149
要拿高薪，必先勤奋 ………… 151
努力提升自己的竞争力 ………… 153
虚心求教，永不满足 ………… 155

第四章 乐于奉献

西点著名教官马科斯说：“在完成任务的时候，你想得到的越多，你失去的也将越多。”

军规十三 勇敢无畏 ………………… 161

西点学员在残酷的训练中，练就了在任何危险和混乱的环境中保持镇定和从容的特性。在残酷的商海中，商家若具有狼一样的心态和勇气，面对危机从容镇静，沉着应对，定会成为真正的商海强者。

提倡理性的勇敢 ………………… 161
勇气是必备的条件 ………………… 163
成为最勇猛的人 ………………… 165
没有人能够代替你 ………………… 166
临危不乱，处变不惊 ………………… 168

军规十四 全力以赴 ………………… 172

决心是一个优秀的员工必备的素质。在困难面前一个好员工是下决心去战胜它，而不是选择逃避。优秀员工在行动之前会深思熟虑，慎加决断；而一旦选定目标，就会全力以赴，不留退路。做一名优秀员工，就要像西点学员那样，选定目标不回头。

破釜沉舟，不留退路 ………… 172
下定决心才能有所作为 ……… 175
强者在困难面前不退缩 ……… 176
不计得失，全力以赴 ………… 178

军规十五　尽职尽责 ……………… 180

西点军人绝不推卸责任、勇于负责的精神时刻激发他们的潜能。责任感任何时候都不可或缺。责任感应该发自内心，是主人翁精神的一种；员工把公司事情看成自己的事业，他就会与公司荣辱与共。责任和荣誉是职业伦理的基本成分，无论做什么事情都要脚踏实地、尽职尽责，这是培养敬业精神的土壤。

绝不推卸责任 ………………… 180
尽职尽责，爱岗敬业 ………… 183
培养好的工作习惯 …………… 185
把工作当事业来做 …………… 187
把一切责任都源于忠诚 ……… 189

军规十六　肯定自己 ……………… 194

要想出人头地，首先就要肯定自己。公司决策者更需要坚定的信念和敢于冒险的精神；信念产生信心，信心给人力量。西点对竞争的唯一要求就是获胜，只在乎结果而不在乎过程；追求成功的同时，做好心理准备，万一失败即正视现实。

只要去做，没什么不可能 …… 194
挑战不敢做的事 ……………… 196
熟悉你的对手 ………………… 200
保持高度忧患意识 …………… 204

军规十七　永不放弃 ………………… 206

在西点军校，教官告诫学员："永远不要怀疑自己的能力。"要想战胜困难，就必须拥有足够的自信。坚强的意志力是西点学员的基本品质，一旦确定目标，他们就会铲除一切障碍，毫不妥协，勇往直前。

自信是取得成功的保障 ……… 206
不要怀疑自己的能力 ………… 209
永远不说放弃 ……………… 211

第五章　坚定目标

西点毕业生、美国军火大亨杜邦说："追求热爱的事业，而非一份可以糊口的工作。"

军规十八　敬业为魂 ………………… 219

西点人把"敬业"也作为军校军规的一条，就是希望所有的西点人都能把对军人职业的热爱，转化为学习、训练不断前进的动力。当敬业意识深植于员工脑海，他们就会自觉地以公司发展来追求个人事业的成功。缺少敬业精神的员工则难以体会真正的快乐，并且很容易一生蹉跎。

热爱你的职业 ……………… 219
每天多做一点 ……………… 223
做好简单的事 ……………… 225
把敬业当成习惯 …………… 227

军规十九 为自己奋斗 ………………… 231

为自己奋斗是体现自身价值的最好方法。在西点，没有什么神明能保护你，能帮助你摆脱现状的唯有自己，你就是自己的神明。面对苦难不要逃避或闪躲，而是直面这些挑战，自强不息地进行反击，为自己奋斗。

记住，你是在为自己工作 …… 231
成为公司不可缺少的人 ……… 234
专注于你的工作 ……………… 235
把职业当事业来做 …………… 237

军规二十　理念至上 ………………… 240

西点军校一直鼓励学员，要有创新精神，不断挖掘自己的创造力。西点军校非常注重训练军官和学员保持强烈的危机感。因为只有保持强烈的危机感，才能在战争中无往不利。企业经营者和所有员工面对市场和竞争，都要充满危机感，不要被眼前的成功蒙蔽双眼。今天的成功并不等于明天的成功，一个企业要想永远立于不败之地，必须保持强烈的危机感。

换种思维，敢于创新 ………… 240
避实就虚，大事化小 ………… 243
机会来自充分的准备 ………… 246
永葆强烈的危机感 …………… 248

军规二十一　自动自发 ……………… 251

在西点军校，每一个学员在接受长官派发的任务的时候，必须是自觉而主动地执行。要想获得最高的成就，必须永远保持主动率先的精神，自动自发的工作习惯可以使你成为领导者和老板。自动自发地工作，才能把工作当成自己的事。

自动自发，就一定会出色 ……… 251
让主动成为习惯 ………………… 254
突破平庸，追求完美 …………… 257
建立使命感，尊重自己的工作 … 259

军规二十二　立即行动 ……………… 262

西点军校绝不允许学员做事拖延。如果存心拖延、逃避，就会找出成千上万个理由来辩解为什么不能够把事情完成。不管从事什么行业，抓住工作的实质，当机立断，立即行动，只有这样，成功才会最大限度地垂青于你。

立即行动，绝不拖延 …………… 262
果敢出手，抢在前头 …………… 265
改掉拖延的坏习惯 ……………… 269

第一章

绝对服从

西点基地学院院长霍金斯上校说："在你能够管理之前，你应该学会怎样服从。"西点学员在个人与集体的利益产生冲突的时候，个人要服从集体的权威。但是服从绝不仅仅是机械地遵照上级的指示那么简单。服从需要个人付出极大的努力，必要时在一定限度内牺牲个人的自由、甚至生命。

军规一　绝对服从

服从是一个优秀员工基本的工作理念，一个优秀的员工必须认同公司的企业文化，忠诚地做好自己分内的工作，严格遵守公司的纪律和规范。

◇养成服从的习惯◇

西点军校的学员，不论是在学业还是在其他方面，都是出类拔萃的青年。具有这样优越的条件，这群年轻人自然很容易骄傲自满。正因为如此，为了防患于未然，西点军校对刚入校的新学员要进行极为严格的服从训练。

为了使新学员具有这种坚定的服从意识，西点军校采取“斯巴达式”的训练方法。这种做法的优点在于使学员的身体疲惫不堪，没有精力提出反对意见，形成无条件服从上司的基础；此种行为如果累积下来，便可维持绝对服从的团体规则。日后即使他们有再好的理由，也无法对规则提出异议。

在训练的过程中，他们失去了“自由”，不准保留有任何最基本的个人财物，不准保留任何代表个人特色的象征。在最初训练的几个星期里，所有的新学员都像新生儿一样，无名无姓，也没有任何独立的个性。新学员训练由高年级的学员主持，所进行的每一项活动都是经过精心策划的，不允许新学员在时间上有一分一秒的误差。

毕业于西点军校的艾森豪威尔将军回忆起他刚入学的情景时说：“我想如果容许我们有时间可以坐下来想一想，大部分的学员可能都会搭下一班的火车离开这里！”

军人必须服从，尤其是初级职务军官，学不会服从，不养成服从观念，就无法在军队里立足。并不是所有上司的指令都千真万确，上司也会犯错误，但上司的地位、责任使他有权发号施令；上司的权威，整体的利益，又不允许部属抗令而行。因此，服从观念要在西点学员身上打下深深烙印，忍受不了服从，就请走人，这是西点的铁律。

西点军校的学员进行了这一系列训练，在他们成为管理者之后，才能够真正以国家和民众利益为重，并坚决服从国家和民众所交给他们的任务！

服从，是西点军校所要求的团体目标之一。西点军校培养的是未来的军事指挥家和管理者，这些未来的长官，还在军校接受服从训练时，就失去了自由和个性。换句话说，他们在个人自由和保持个性独立遭受威胁的时候，仍然能够为了维护团体的利益和形象做到绝对的服从。

企业文化是公司之魂，它可以把所有原本个性迥异的员工团结成一个整体，这就是公司发展的驱动力。会服从的员工也并不是凡事都唯命是从，服从强调的是对公司文化的认同感。

每个公司都应当有自己独特的企业文化。服从，也是公司中一个优秀员工必须接受的严峻考验。正像西点的校训一样，全体公司员工要有自己的共同愿景。

在一个团体中，若下属不能无条件地服从上司的命令，那么在达成共同目标时，则可能产生障碍。反之，如能完全发挥命令系统的机能，此团体必可胜人一筹。

西点学员的这种服从意识，正是众多管理者所缺乏的，还有许多的管理者没有学会适应服从。西点学员在个人权威与集体权威产生矛盾时，他们最终遵从的是个人权威服从于集体权威。不容否认的是，在某些大公司，仍有相当一部分管理者抱有唯我独尊的蛮横观念，认为只有别人服从我，哪里有我服从别人的道理。

一个优秀的管理者应该时刻牢记西点学员提出的警世名言："管理者的成名与否，有很多地方就是取决于他有没有学会服从!"

很多人之所以失败，正是因为他们缺乏服从意识。他们之所以做不到服从，是因为他们经受不住考验，不能像西点学员那样为了服从，能够牺牲个人的自由和既得利益。将服从训练成习惯，就会水到渠成地走向成功。

◇主动工作，学会服从◇

毕业于西点的国际电话电报公司总裁兰德·埃拉斯科曾说：“军人的第一件事情就是学会服从，整体的巨大力量来自于个体的服从精神。在公司中，我们更需要这种服从精神，上层的意识通过下属的服从很快会变成一股强大的执行力。”

西点军校所造就的人才是从事战争的人，这种人需要无条件执行作战命令，要带领士兵向设有坚固防御之敌进攻，没有服从就不会有胜利。对西点学员来讲，服从上级是百分之百正确的。

西点的服从理念就是从来不能有失败的念头，在有限的时间内，不要为做不好的事情找借口，而应该充分利用每一分每一秒来达成任务。

服从主要是一项考验，学员若能成功地通过这些考验，即可达到自律自制，以及更大的自主独立，使他们日后能够成为不求近利、高瞻远瞩的管理者。

◇俯瞰西点军校

服从即遵照指示做事。服从需要个人付出相当大的努力，特别是一向珍惜个人自由、自主的员工。公司中管理者的成败，在很大程度上也是取决于员工有没有学会服从。善于服从的员工必须暂时放弃个人的独立自主，全心全意去遵行所属机构的价值观念。

在公司，每一位员工也必须学会服从上司的安排。处在服从的角色上，就要遵照指示做事。对西点学员来说，服从是自制的一种形式。员工在学习服从的过程中，对公司的价值观念、运作方式，都会有更透彻的了解。

毕业于西点的威廉·拉尼德上校曾说："上司的命令，好似大炮发射出的炮弹，在命令面前你无理可言，必须绝对服从。"

西点教诲学员，"不要上送那种不受上司欢迎的文件和报告，更不要发表使上司讨厌的言论"，"如果摸不准自己上送的报告或发表的讲话是否符合上司口味，可以事先征求一下上司的意见"。在公司中也是一样，如果连自己都看不过去的企划书，就不要拿给上司看。

公司中经常会遇到需要决策的问题，一个优秀的员工应该是需要发表意见的时候，坦而言之，尽其所能；然一旦上司决定了的事情，就要坚决服从，努力执行，绝不表现自己的小聪明。黑格将军之所以被尼克松看中，就是因为他的服从精神和严守纪律的品格。

每位学员都要学会立即接受命令，并着手找出执行该命令的办法，这一过程锻炼学员们处理问题的能力。不同的命令要用不同的方法来执行，命令本身不会告诉你应该怎样做，而仅仅是"你必须完成它"。新学员从踏入西点军校门口的那一刻起，便告别平民生活，准备服从无数的命令。

作为公司的管理者，要想受到员工的尊重和信任，要检点自己的行为，要尽力做到让人崇拜的地步。作为一名公司的员工，如果和上司处处对着干，既对公司发展不利，也不利于自己的事业发展。

一个员工只有尊重、信任他的上司，才能努力地去做好自己的工作，这是一种主动的服从。

◇会服从的人才会管理◇

在西点，一个根深蒂固的观念是：学不会服从，也就学不会管理。西点军官不论其级别高低，都要服从上级的命令。

“在你能够管理之前，你应该学会怎样去服从，”西点基地士官学院院长理查德·A·霍金斯上校解释说，“这听起来可能有些奇怪，但是只有先成为一名忠实的服从者，你才会成为一名出色的管理者。”

西点52届毕业生劳恩钢铁公司总裁卡尔·劳恩说：“军人的第一件事情就是学会服从，整体的巨大力量来自于个体的服从精神。”

一个优秀的管理者应该时刻牢记：管理者的成名与否，有很多地方就是取决于他有没有学会服从。公司中管理者的成败，在很大程度上也是取决于员工有没有学会服从。

通用电气前董事长兼首席执行官杰克·韦尔奇曾说：“我最不喜欢听到下属在接受任务时说‘NO’，而只爱听他们说‘YES’。每当有工作要交给下属处理时，我都希望下属愉快地接受，然后说一句：‘OK！我一定会尽快办好，或者说：我一定会尽最大努力去做。’”

◇杰克·韦尔奇

通用公司如此，其他公司也一样。当上司安排任务时，不要去想完成这项任务如何如何困难，更没有必要现在就担心完不成的后果，只需牢记事在人为的道理。

在西点来说，一个不会服从的人，也同样学不会管理。人是管理的核心，人的素质则是一切管理的基础，管理者需要重视对员工的培训和教育。有效的管理，依赖于对公司每位员工发自内心的尊重；管理者有责任带动双向沟通，这是了解员工的最佳渠道。

在公司中，上层的意识通过下属的服从很快会变成一股强大的执行力。服从，是公司中一个优秀员工必须接受的严峻考验。

在企业中也一样，再多的员工也是由一个整体系统组成，如果员工不能遵从上级指示，就会影响企业的正常运行。反之，如果能够同心协力，发挥整体系统的作用，那么企业必将更胜一筹。

服从是第一生产力。很多公司因为员工的不服从而最终倒闭。作为一名员工，只有通过服从，才能对公司的价值理念、运营模式有一个更深刻的认识。每个人都要有意识地服从上司。

可口可乐公司曾经有一位叫普尔顿的年轻人，接到了一个任务，就是去一个大家都觉得没有市场潜力的地方开辟新的市场，这个地方十分偏僻，在分配任务给普尔顿之前，公司已经把此任务交给三个人去做，但都被推脱掉了，这些人都认为那个地方太荒凉根本就没有市场。但是普尔顿在接到上司的指示时，什么都没说，带着公司的产品就出发了。其实普尔顿也知道那里没有什么销路，但是通过他强大的服从意识和艰苦的努力，三个月后，那个被人认为是不毛之地的地方成了一个潜在的产品市场。正是由于普尔顿用尽全力去开拓市场，结果最终取得了成功。

“服从第一”的理念如果不能很好的渗透到每一个员工的头脑中，那么公司是没有什么大的发展的，必将在激烈的竞争中被淘汰出局。所以，作为一个员工，就要对上司所作的安排坚决服从并认真履行，每一个计划和任务都是在这样一环扣一环的完美服从中得以完成的。

西点 67 届学员 Compass 集团总裁约翰·克里斯劳说：“我们不过是枪里的一颗子弹，枪就是整个美国社会，枪的扳机由总统和国会来扣动，是他们发射我们。他们决定我们打谁就打谁。”

不容置疑，一个高效的企业绝对拥有良好的服从观念，这样的企业也必定拥有懂得服从的优秀员工。要想在职场生涯中站稳脚步，一定要把服从作为第一要义，这样才能使自己在众多人中脱颖而出。

当企业和员工都具有了强烈的服从意识，在该坚持的时候就坚持，在该执行的时候就没有任何借口的执行，学会了服从，那么公司一定会有一个崭新的局面。

◇四个标准答案看执行◇

西点 69 届毕业生赛贝斯软件公司总裁马克·霍夫曼说：“对于西点军人来说，对上司布置的任何任务，无论有多大的困难，甚至牺牲自己的生命，但他们的回答只有一个“是的，长官”。”

在西点军校有一个广为传诵的传统就是遇到学长或军官问话，新学员只能有四种回答。长官会问：“你的四个回答是什么？”新学员只能回答：

‘报告长官，是’；

‘报告长官，不是’；

‘报告长官，没有任何借口’；

‘报告长官，我不知道’。

除此之外，不能多说一个字。

例如军官问道：“你的鞋子擦亮了吗？”你可能想说“有位同学不小心踩到我的鞋子”、“对不起，我还没来得及”。但是，你只能回答“报告长官，不是”。如果长官再问“为什么”，唯一的回答只有：

“报告长官，没有任何借口”。军官要的只是结果，而不是长篇大论的借口。

这也许让人感到不公平，但是，正因为这种训练，才让学员明白：无论遭遇什么样的环境，都必须学会对自己的一切负责！

很多企业家会有这样的共识，凡是发展快且发展好的世界级公司，都是执行力强的公司。比尔·盖茨曾坦言：“微软在未来10年内，所面临的挑战就是执行力。”

◇比尔·盖茨

执行是无数老板心头永远的痛。对于老板来说，无论在什么时候，身边最缺少的是精益求精的执行者，缺少的是对公司各类管理规章制度不折不扣地去执行的员工。任何好的决策只有落实到每个执行的细节上，才能发挥作用。企业当中难免会存在着有令不行、拒不服从的现象。如果一个企业缺乏执行力，就不会有高的效率，就赶不上竞争对手，最终会导致被淘汰出局。

戴尔公司一直把高效执行放在首位，因此它获得了巨大的成功。前些年，戴尔曾公开宣布“增长速度要3倍于市场平均增长率”。许多公司也喊出过这样的口号，但大多是虚的，得不到执行，而戴尔却要求员工不折不扣地执行，这就需要员工必须具备卓越的执行能力。

如今戴尔已经打造出强有力的执行力文化，从总裁到普通员工，人人皆知执行的意蕴。因为戴尔将执行作为自己企业的文化核心，所以它要求企业中的每个员工必须具备强有力的执行能力。无论企业下达何种任务，你要做的，就是去执行并完成它，不要找出任何理由来解释自己做不到。

公司是一个执行的团队。公司的团队建设的优劣主要体现于团队的执行力，团队的执行力分解到个人就是员工的执行力。每一个员工的执行力，都决定着公司的团队是否是一个好的团队，是否是一个能有效实现目标的团队。

满街的咖啡店，唯有星巴克一枝独秀；同是做PC，唯有戴尔独占鳌头；都是做超市，唯有沃尔玛雄踞零售业榜首。很多企业的经营理念和战略大致相同，绩效却相差甚远，关键在于执行力的不同。

一位老板曾这样抱怨说："我的思路已经到位，关键是下面的员工跟不上。总部制定了策略，总是不能在分公司有效执行，分公司总认为总部的方案不好，叫他们自己出方案，他们又做不出来，即使做出来，也没有任何专业性，让你没办法批准。刚开始我以为是我们做计划的方式有问题，后来采取了参考下面计划的民主做法，还是不行。整个公司的效率非常低，真是头痛，基本上所有分公司都是这样。"

西点学员的"四个标准答案"是一种完美的执行力演绎。如果能从西点军规中得到一些问题的启示，问题就会迎刃而解。

◇服从也需要技巧◇

在西点军校，学员们总是被告知，在战争开始的时候，掌管分派好各自的职位，就要坚定地守在自己的岗位上，前锋就要打好前锋的仗，后勤就要做好供应工作，绝不允许擅自离开，也不可以串岗，否则军队就可能因为失职而战败。

服从也是需要技巧的，任何公司都不喜欢那种唯唯诺诺，没有自主的思想的员工。所以在工作过程中，不是盲目地服从，首先一定要弄清楚公司所做的计划的最终目的是什么，这个计划对自己来说意味着什么。

一个公司的运营就如同一场战争的实施一样，员工也要像每一名军人一样，必须各司其职，接受公司的管理，才能使企业正常运转。有些员工口头答应得很好，但在实际工作中却玩忽职守。任何公司都不能容忍只会应付而不做实事的员工。

为了避免盲目的服从，还可以在认真地做出自我思考之后，向上司请教："我应该怎样安排更有利于计划的完成?"一定要分清楚工作的大致方向和所要完成工作的主次先后顺序，进行妥善调整，才会更好地完成自己的任务，避免工作流程的混乱。善于服从、巧妙地服从，其实也是一种人生策略。

在工作过程中，如果遇到一些棘手的问题，可以寻求公司的支持和帮助，向上司询问哪些资源可以供个人使用和支配。这样就可以更快更好地完成任务，从而提高工作效率。

其实很多领导并不通过单纯的发号施令来推动下属开展工作。请求上司的指导比顺从上司的领导更高一个层次，是一种变被动为主动的技巧，它不仅体现了下属的工作积极性、主动性，还增加了让上司认识自己的机会。

一个懂得服从的员工必然是一个高效率工作的人。要想做到这一点，必须学会理性的服从，在服从的时候要讲求一些方法和技巧。服从的时候必须主动而非被动，被动做事的结果可想而知，被人牵着鼻子走的人，一定不是能很好地做好自己工作的人。因此要得到老板的信任和肯定，可以遵从以下五点原则：

第一点，要适时向上司汇报工作。很多员工在工作过程中，不善于得到老板的认同和信任，并不是因为工作能力差，而是不懂得在细节问题上下功夫，尽管工作业绩突出，上司不能感觉到你对公司的绝对服从，所以仍然得不到上司的充分信任。这种情况在现实中并不少见。

为什么会出现这种情况呢，原因就在于这种类型的员工对工作确实是驾轻就熟，但却没有及时汇报自己的工作情况，从而忽略了上司的存在。

适时地向上司汇报工作其实是一件很有益的事，在完成一项任务的时候，适时向上司汇报工作的进展和遇到的一些问题可以增加上司对你的信任，避免产生一些怀疑，这样就会让老板感到员工对公司和工作的服从。

第二点，对于上司分派的任务要全力执行。每一个人都可能遇到能力不同的上司，上司的决策，不一定总是对的，但不管你的上司是精明还是拙劣，因为他是上司，所以对于他的决策都要尊重，并且全力执行，不要反驳他。而在工作的过程中遇到问题要及时向上司汇报，让上司意识到是自己的决策哪里不够合理而造成了一些失误，而并非是你的工作能力出了问题。

第三点，不仅会做更要会说。在工作过程中，不仅要有实干的精神，更要学会表达，力求在工作中既会做又会说，这样才会更容易得到老板的赏识。

不善于表达自己的人，让人觉得这样的员工只会闷头做事，没有什么大的发展潜力。对于这样的员工老板一般不会委以重任，而那种只会说漂亮话而缺少实干精神的人也不会得到老板的信赖。

第四点，尊重老板的隐私。古人云：“人非圣贤，孰能无过。”老板也是人，所以，如果你发现了他不为人知的秘密，千万不要乱传扬。任何人都有可能犯错，老板也不例外。只要做好自己的工作就好，绝对不能干涉老板的隐私，否则，只会引起上司的反感，更不要说得到上司的信任。

第五点，不要过多占用上司的时间。在工作过程中，一定要简明扼要地向老板汇报和请示，千万不要喋喋不休、长篇大论，这样只会让老板感到不耐烦，同时也在无形中浪费了老板的宝贵时间。要知道老板的工作是非常繁重的，他们要处理公司的许多重要事项和重大决策，还要努力管好员工。所以，在和老板交谈时，要直接切中要害。

无论面对什么样的老板，都要学会服从的技巧，这样工作起来会更加游刃有余。每一个老板都不一样，所以要多站在他的角度考虑问题，没有人是完美的，所以不要总抓着别人的一些缺点不放，既然能当老板，必然有其过人之处。

还要明白自己的工作能力和工作职责，并不是所有的公司都适合每一个人，要根据自己的能力和特长去选择和取舍，不管是从哪方面来说，都要对老板多一份理解，多一份尊重，只有这样才能把工作做得更好。

军规二　没有任何借口

西点军规“没有任何借口”传达了这样一个理念：任何事都要用心去做，没有任何借口，并且立即去做，绝不能拖延，只有这样办事才会有效率，也只有这样才会取得一些不凡的业绩。

◇不找借口找方法◇

“没有任何借口”是西点军校一向奉行的理念和价值观。西点军校让每一位学员懂得执行任务是不能推托的。“没有任何借口”体现的是一种完美的执行能力、一种敬业的精神、一种诚实的态度。

西点学员们都有良好的心态。他们常常能够积极主动地抓住并创造出机遇，而不是一遇到困难就逃避退缩，为自己寻找各种借口。

工作无借口是西点军校所奉行的最重要的行为准则之一。每一个人都应该想尽一切办法去完成任何一项任务，而不是为没有完成任务去寻找任何借口。

◇西点军校校园风光

“保证完成任务”是西点军人的标志性话语。这绝不是一句简单的口号，它是一名军人对责任的承诺。

有时候，借口成了许多人的一种习惯。对于一个西点学员来说，入校第一课就是要改掉这种坏习惯。西点学校的学员格兰特对此深有体会。

他说：我于 1977 年 7 月进入了西点军校。在上课前，我们先要参加一个基本训练，我们把那里称为“野兽兵营”。在那时，我开始习惯于为自己找借口,不管有没有正当的理由。很多学员和我的想法一模一样。然而最后我们都成功地抛弃了借口。不可否认，改掉找借口的习惯不是件容易的事情。

最初进入西点军校的那段日子里，我没有领会到“没有借口，长官”这句话的真正含义，就连自己在说这几个字时也是那么牵强。以后的日子里我才慢慢地领会到了这句话的意思，其实它在鼓励学员变得更加坚强，更加有责任感。后来，当我再说“没有借口，长官”这句话的时候，越说声音越有力，甚至成了一种断然的回答。找借口这种习惯似乎是天生的一样，但是当我摒弃后，发现自己原来可以做得更好。

西点军校四年级学员手册《军号备忘录》里写到：要培养学员不找借口的习惯。在军队中绝不允许为失败寻找任何借口。客观环境造成的原因可以用来进行解释，并提交上来，但是即使这样的解释被接受了，也永远不能被当作借口。

任何工作首先要求的就是认真负责的态度，找借口就是一种逃避责任的表现。总是为失败找借口，永远都不会成功。成功属于那些善于找方法的人，而不是善于找借口的人。只有主动寻找方法，才能尽快解决问题，才能迈向成功。

要想成为一个成功者，就不要为自己的失败百般寻找借口，而要坚持不懈地寻找方法。无论是在工作还是生活当中，最重要的一条法则就是：不为失败找借口，只为成功找方法。好方法是成功的捷径，而借口则是成功路上的高山险阻。

1956年，美国福特汽车公司推出了一款性能优越、款式新颖、价格合理的新车。但这款新车的销售业绩却平平，完全没有达到当初的预期效果。公司的经理们焦急万分，但绞尽脑汁也没有找到让产品畅销的办法。

◇亨利·福特

刚毕业的见习工程师艾柯卡是个有心人，他了解了情况后就开始琢磨怎样才能让这款汽车畅销起来。终于有一天，他灵光一闪，于是径直来到经理办公室，向经理提出了一个创意——在报上登广告，标题是："花56元买一辆56型福特。"这是个很吸引人的口号，很多人纷纷打听详细的内容。原来艾柯卡的方法是：谁想买一辆1956年生产的福特汽车，只需先付25%的货款，余下部分可按每月付56美元的办法分期付清。

他的建议被公司采纳，而且成效显著。"花56元买一辆56型福特"的广告深入人心，它打消了很多人对车价的顾虑，创造了一个销售奇迹。艾柯卡的才能很快受到赏识，不久他就被调往华盛顿总部做地区经理，并最终坐上了福特公司总裁的宝座。

这个极富创意的广告不仅解决了福特56的销售危机，更成为艾柯卡成功人生的起点。这就是寻找方法的妙处。不惧困难，相信自己，找到方法，就能令你脱颖而出，为你自己赢得更多的机会，为你的事业发展开创出一片新天地。

给事情想出太困难、太麻烦、太花费时间等种种理由，确实要比相信只要足够努力、勤奋，就能完成任何事要容易多了，但如果经常为自己找借口，就不能顺利地完成一些事情，对以后的职业生涯也没有任何好处。

在现实生活中，企业最渴求这种员工：他们想尽办法去完成任务，而不是去寻找借口。“没有任何借口”并不是冷酷无情的指令，而是一名优秀员工在其职业生涯中必须秉承的理念。

如今，“没有任何借口”已经成为无数商界精英秉承的理念和价值观。这一理念是提升企业凝聚力、建设企业文化的最重要的准则。

◇艾柯卡

生活中很多员工都喜欢给自己找借口。工作效率不高，是因为天气不好或者身体不舒服；本来可以成功的项目出了问题，就把责任推给其他人。这些借口只会让你不断地为自己去寻找借口，促使你形成一种寻找借口的习惯。一旦养成找借口的习惯，工作时就会变得没有效率，人也会变得不诚实，最终也将落得被淘汰的命运。

皮特原是一名银行的普通职员，后来受聘于通用汽车公司。工作半年后，他想知道自己是否可以胜任更有挑战性的工作，于是向老板杜兰特毛遂自荐。杜兰特对他说：“我可以让你负责新厂机器设备的安装工作，但不保证加薪。”

皮特之前没有任何关于机械设备方面的知识，但是他不愿意放弃这个难得的机会，于是他花钱自己请来一些专业的技术人员完成了安装工作，而且比原计划早了一个星期。结果他不但获得了提升，而且薪水也增加了好几倍。

后来老板对皮特说："我知道你不懂技术，我就是想看看你对工作的态度，如果你随便找个借口推脱掉，我就会让你走人，我最喜欢你这种不找借口的员工。"

没有任何借口做事情的人，所体现出来的是一种服从、诚实的态度，一种负责、敬业的精神，一种完美的执行力。这样的员工正是老板最需要的。

工作无借口是西点军校所奉行的最重要的行为准则之一，无论对于个人还是公司，借口都是非常可怕的，它深深影响着一个人的心态和行为，进而影响组织的生存和发展。

对于企业来说，借口会使员工忘掉自己的责任，丢掉对公司的忠诚。衡量一个优秀员工的标准，是要看他能否遵循企业的规章制度，更是要看他完成工作的能力和态度。好的员工，在执行公司的任务时，会全力以赴地想方设法克服困难，完成公司安排的任务，不找任何的理由和借口。

作为普通的员工，既然已经承担起了工作的任务，就不必去逃避。把有限的时间投入到真正有意义的工作之中去吧。好好工作，不仅仅只有让你得到远离"找借口"的机会那么一丁点的好处。

借口可以腐蚀人的心态、消磨人的意志，进而阻碍个人和公司的生存和发展。一个员工习惯性地为自己找借口，长此以往就会忘掉自己的责任，消磨对事业的激情，最后变得毫无斗志，成了无药可救的职场胆小鬼，牢牢地被困难所奴役。

要找到一种好方法，就必须善于学习，掌握一些基本的知识，这些知识往往能在关键时刻发挥重要作用。好方法的灵感来自平日的知识积累，它从来不会凭空产生。

借口永远是弱者的象征。没有人生来就能做得有多好。要想成为一名优秀的员工就得摒弃找借口的习惯。在遇到困难和问题的时候，千万不要寻找这样那样的借口，要想办法去解决，推卸责任是不可取的，只有想办法摆脱困境，才能成为职场的常胜将军。如果肯将找借口的精力用于工作，一定可以取得不错的成就。

◇与其抱怨，不如行动◇

西点著名将领罗杰斯·奈斯上尉说：“或者去做，或者不做，二者必居其一，要么全身退出，要么全力以赴。你只能做出一种选择。”西点军校要求自己的学员，不论做什么事，都要摆正自己的心态。

“不满”和“抱怨”是最普遍的一种情绪，也是善于寻找借口的人最善于利用的。西点学员在接到上司的任务时，都是怀着神圣的心情去努力完成的，没有半点怨言和不满。

很多人都有这样一种想法：他们总是不满意自己的工作环境，一味地等待能从公司和同事那里获得更多，而自己却不愿意去付出什么。

与其怨天尤人，不如踏实做事。没有绝对完美的事物，想要抱怨的话在任何时候都有借口。对于生活中许多不如意的事情，人们的第一反应往往就是抱怨。如果只是一味抱怨，而不去做一点有意义的事情，就算问题再小也无法得到解决，结果也不会成功。

不满和抱怨有时并非是自己出了问题，也许公司自身也存在着不足，也许是因为老板有什么不足，那么完全可以找到自己的上司，平心静气地向他说明问题所在，然后共同寻找改进的方法，或者把这些问题揽过来，悄悄地解决它们。如此一来，不仅把问题轻松解决掉，而且还可以避免自己的不满和抱怨。

麦克是一家汽车修理厂的修理工，从进厂的那天起，他就开始喋喋不休地抱怨，什么修理这活儿太脏了，瞧瞧我身上弄的，什么真累呀，我讨厌死这份工作了。每天，麦克是在抱怨和不满的情绪中度过的。他认为自己在受煎熬，像奴隶一样卖苦力。因此，麦克总是找准时机，稍有空隙，便偷懒耍滑，敷衍手中的工作。

转眼几年过去了，当时与麦克一同进厂的三个工友，各自凭着精湛的手艺，或另谋高就，或被公司送进大学进修，唯独麦克，仍旧在抱怨声中做着他讨厌的修理工。

工作中时常出现这样的情况：一些任务分配下来，如果领导不注意问就没有人去很好地执行，最后干脆就不了了之。还有的人面对分配的任务常常是一脸茫然，而且还满脸狐疑地问上司，这事我怎么不知道啊？喜欢抱怨的人很少积极想办法去解决问题，总觉得很多事都不属于自己的义务。其实，工作是自己的，好好工作是每一个员工的义务。

美国前教育部长威廉·贝内特说：“记住，这是你的工作，工作就是需要我们用生命去做的事。”即使遇到再大的困难，也不能寻找任何借口，更不应该进行任何没有必要的抱怨。而是要以积极的心态去面对。

在现实工作中，虽然很多人受到过很好的教育，并且很有才华，但是却得不到提升，主要就是因为他们总是抱怨而不懂得反省。

如今职场竞争非常激烈，很多人的职业生涯极其动荡，与其不满和抱怨，不如摆正心态，踏踏实实做事，积极应对那些不满意的人和事。只要减少报怨，怀着快乐的心情去工作，就能在工作中感受到快乐。

快乐工作就是以一种积极的心态去面对一份来之不易的工作。当通过自己的努力把工作中一些比较复杂的事情办好的时候，就会有一种极大的满足感和成就感。

领导、同事之间要相互理解和尊重，当一个人得不到尊重和理解时，肯定是不会感到快乐的。在一个相互猜疑、勾心斗角的环境中，一定不能做好工作，更不可能感到快乐。

每抱怨一次，就为自己多设置了一道障碍，并且会感到困难之事更困难，最后形成恶性循环。作为一个员工，应该跳出抱怨的圈子，唯一可行的就是战斗再战斗。

一个优秀的员工不会抱怨和不满，并且能够很好地控制自己的情绪，以忠诚和义无反顾的献身精神，在公司里做着自己应该做的事情。

没有任何借口、全力以赴地做好自己分内之事，这才是优秀员工所必须具备的素质。

◇没有规矩不成方圆◇

西点69届毕业生Sybase软件公司总裁马克·霍夫曼说："对于西点军人来说，对上司布置的任何任务，无论有多大的困难，甚至要牺牲自己的生命，他们的回答也只有一个：'是的，长官。'"

在西点记录中，有因超时 1 分钟而被学校开除的例子。被记过超过每月的最高限额（13 次），则每超过 1 次就将受罚，至少要在空地上走 1 个小时，一般要扛着步枪不停地走 1 小时。学员星期六晚外出，回营晚 1 分钟，会被记过 7 分。本来可以离开西点过周末，却被这 7 分冲掉了。也可能因为超过一个许可的过错定量，从而被学校开除。

有人认为，制度的绝对性使学员们难以区分无足轻重和举足轻重的道德问题，因为从他们的观念出发，在遵守规章制度方面重要的是形式，而不是内容。新学员得到的教导是要按照西点军校独一无二的教育标准来衡量自己、要求自己。

要培养一支能征善战的队伍，首先就要从军队的纪律抓起，以法治军、以规治军才能提高部队的战斗力。纪律严明，有法必依，令出必行，不仅是将帅的性格，也应是管理者必备的素质。

英特尔公司总裁格鲁夫的开会方式是：直截了当、果断，而且涵盖一切基本要点。在一次会议上，他历数每位经理的过失，竟然博得全体经理起立喝彩。

如果公司没有严格的纪律就会使公司处于松散状态，长此以往，公司会逐渐衰败下去。试想，公司的员工如果想来就来，想走就走，把公司当成旅馆，这样的公司还有前途吗？而且这对员工本身也无任何好处，他会把这种散漫带给客户，造成自身的信用危机。

没有规矩不成方圆，一个正规的公司肯定都会有完善的公司章程，这是维系一个公司正常运作的纽带。员工不要把制度当成洪水猛兽。严格要求胜于放任自流，管理必然能够卓有成效。可靠的产品质量，良好的服务信誉，是公司管理者平时严格管理的结果。

公司的管理制度总是在长期实践经营中靠自己的主观努力和客观影响，靠自己的言行、能力、业绩等产生的，不是自然而然地产生的，也不是靠人吹起来、捧起来的。

在公司中能够深达员工心灵的是具有价值的意愿，让他明白，努力奋斗能排除心中怨恨。创造性的制度，能使上级与下属之间更加融洽。它也能使已犯过错误的员工和将会犯错的员工之间在自尊上相互感应。先要自律才能将制度有效地加于别人。

没有制度，职权就不能很好地发挥作用；有了制度，职权就如同火乘风势，能更有效地发挥出威力。离开了职权及其行使，制度也难以形成；借助职权，更有利于建立起严格的制度。

◇纪律是成功的基石◇

在西点军校，有一套非常完整的纪律约束着每一个西点学员，这些纪律从学员的日常生活、行为准则、服装与仪表、人身与财产安全、假期、教学程序等等各个方面都作了明确的规定。这些纪律对于学员的行为有着很强的约束力。

美国历史上有名的四星上将巴顿将军说：“纪律是保持部队战斗力的重要因素，也是士兵们发挥最大潜力的基本保障。所以，纪律应该是根深蒂固的，它甚至比战斗的激烈程度和死亡的可怕性质还要强烈。”“纪律只有一种，这就是完善的纪律。假如你不执行和维护纪律，你就是潜在的杀人犯。”

◇巴顿将军

巴顿认为战场指挥官假如不执行和维护纪律，他就是潜在杀人犯。为此，巴顿从日常作风抓起，以达到军容严整，作风过硬。

巴顿也从自己做起，他严格要求自己，始终是衣冠整洁、合体，以他独有的军人风度，给人们一个雄壮威严、神气勇猛的形象。

在纪律问题上，巴顿将军做得非常到位。他深知，军队的纪律比任何纪律都重要。巴顿之所以能够在军事上取得成功，原因就在于他能够完美地执行纪律，以及用严明的纪律要求下属。

自律是一支优良军队的重要特点，所以，在西点军校，自觉的纪律尤为重要。一个人如果要想担负管理责任，这种品质是必不可少的。

英国克莱尔公司在培训新员工时，总是把纪律放在首位重点培训，首席培训师加培利总是这样说："纪律就是高压线，它高高地悬在那里，只要你稍微注意一下，或者不是故意去碰它的话，你就是一个遵守纪律的人。看，遵守纪律就是这么简单。"

在日趋激烈的市场竞争中，一个团队，一个企业，要想成为攻无不克、战无不胜的集体，企业的每个成员都必须严格遵守纪律，谁也不能凌驾于纪律之上。

一个团结协作、富有战斗力和进取心的团队，必定是一个有纪律的团队。同样，一个积极主动、忠诚敬业的员工，也必定是一个具有强烈纪律观念的员工。可以说，纪律，永远是忠诚、敬业、创造力和团队精神的基础。对企业而言，没有纪律，便没有了成功。

艾森豪威尔到西点不久，就因为他的自由散漫而赢得了"操场上的小鸡"的头衔。原因是艾森豪威尔经常不得不接受惩罚，像小鸡在田间来回走动一样在操场上来回走步，只是不如小鸡那样自由罢了。

这样的训练整整持续一年，纪律观念由此深深地根植于每个人的大脑中。同时，与之而来的，是每个人强烈的自尊心、自信心和责任感，这是一些让人受益终生的精神和品质。

西点军校非常注重对学员进行纪律锻炼。为保障纪律锻炼的实施，西点有一整套详细的规章制度和惩罚措施。比如，如果学员违反军纪军容，校方通常惩罚他们身着军装，肩扛步枪，在校园内的一个院子内正步绕圈走，少则几个小时，多则几十个小时。关于这方面的轶事，我们随处可见。

纪律对于企业来说具有同样重要的作用，任何一个富有战斗力和进取心的团队，必定是一个有纪律的团队。而这样的一支团队需要的必定是一些积极主动、具有强烈纪律观念的员工。对于企业来说，没有纪律，便没有一切。

玛丽·凯说：“我每次遇到员工不遵守纪律时，都采取一种与他人十分不同的处理方法。我的第一个行动，是同这个员工商量，采取哪些具体措施以改进工作。我提出建议并规定一个合情合理的期限。这样，也许会获得成功。不过，如果这种努力仍不能奏效，那我必须考虑采取对员工和公司可能都是最好的办法。当我发现一个员工不遵守纪律、工作老出差错时，就决定不要他。因为遵守纪律没商量。”

曾经有一位重点大学毕业的学生应聘到一家名列世界 500 强的公司工作。虽然公司的规章制度中明确规定，公司任何员工上班时间不得穿短裤拖鞋，但他依然时常违反规定，穿着这样的衣服在公司中亮相，公司的主管多次提醒他，一定要遵守公司的规章制度，否则影响公司的形象。但他心想：“我只要有能力做好自己的本职工作就行了，至于穿着打扮是我的自由，别人无权干预。”于是，他依然我行我素，不久他就被公司解聘了。

他心里很不服气，于是就找到经理办公室去理论，经理很平静地对他说：“仅仅是因为你没有遵守公司的规章制度，公司绝不欢迎一个不遵守公司制度的员工。”此时，他才意识到没有遵从公司纪律所付出的代价。

纪律是事业成功的保证，一个员工只有遵守纪律，才可能在企业中得以生存和发展；一个企业只有拥有遵守纪律的员工，才可能有强大的凝聚力和战斗力，所以无论是企业发展还是个人成功，都需要无条件地、没有任何借口地服从纪律。

作为一名员工，一定要遵守公司规章制度，因为公司需要严格遵守公司纪律的员工。同时，一个能够遵守公司纪律的员工，必是一个善于自律、自我负责的人。

军规三 细节决定成败

不要瞧不起小事，只有做好小事才能成就大事，只有做好细节才能成就完美。能把每一件小事做好，就是不简单，而成功就是源于对细节的追求。总之一句话："天下大事，必做于细。"熟知细节是管理者的训练之道；注重细节则反映出员工的责任心，细微之处见精神。

◇不要瞧不起小事◇

西点著名学子巴顿将军曾经说："要想做大事，首先要能够处理小事才行，而且要全力以赴。"

排名世界500强的大企业都是从一点一滴的小事做起的，没有任何一家是一夜之间拔地而起，要想成就一番伟业，必须从小事做起。沃尔玛能年收入2400多亿美元，列全球500强之首，它成功的秘密就在于注重细节，以细节取胜：

一、注意顾客的每一个细节

沃尔玛认真记录分析每一个商业数据，用通讯卫星为每一个客户服务。

沃尔玛在全球4000多个店铺都装有卫星接收器，每一个消费者在其任何一个连锁店进行交易时，客户的年龄、住址、邮编、购物品牌、数量、规格、消费总额等一系列数据都被记录下来，送进企业信息动态分析系统。

山姆·沃尔顿说："我如果看不到每一件商品进出的财务记录分析数据，这就不是做零售。"

二、降低经营成本，注重每一个细节

* 一杯咖啡10美分：沃尔玛员工要喝咖啡，自己要在旁边的储钱罐里放上10美分。你觉得这种管理可笑吗？但是，请记住，这就是沃尔玛。

*"视纸如命"：有一天，沃尔玛总裁山姆·沃尔顿在一家店面巡视，看到一位店员正给顾客包装商品，随手把多余的半张包装纸和长出来的绳子扔掉了。山姆·沃尔顿微笑着说："小伙子，我们卖的货是不赚钱的，只是赚这一点节约下来的纸张和绳子钱。"

* 沃尔玛从来没有专用的复印纸，用的都是废报告纸背面。

* 除非重要文件，沃尔玛从来没有专用打印纸。

* 沃尔玛的工作记录本，是用废报告纸裁成的。

* 不论你是总裁，还是经理，繁忙时都是店员。

三、降低采购成本，监督全球工厂的每一款产品的质量和价格

沃尔玛2002年虽然做到了全球500强之首，但仍然不遗余力地降低采购成本，监督全球工厂的每款产品的采购价格。沃尔玛2002年结束了与外部采购组织的合作，自己雇用了数百名员工从南美洲和中国进行采购，其中在中国的采购额达到60亿美元；沃尔玛在全球建立了21家办公室，监督全球工厂的每一款产品的进货价。

沃尔玛计划在未来5年内再节约20%的采购成本，使它在全球的商品毛利率提高9%。这是一个多么令人惊叹的数字。沃尔玛的采购仅丝袜

一项就高达10亿美元，采购成本节约的努力将使它增加多少利润啊。

正是沃尔玛从服务到后勤管理在压缩成本的每一个细节上所做出的孜孜以求的努力，使沃尔玛的销售额逐年增加而成为世界500强之首。

美国标准石油公司曾经有一个叫阿基勃特的职员。他有一个习惯，就是无论是在住旅馆的时候还是在写书信、收据的时候，只要是写他名字的时候，他总是在自己名字的下面写上“每桶4美元的标准石油”这几个字。他因此被同事们叫做“每桶4美元”，而他的真名却没有人叫了。

公司董事长洛克菲勒听说这件事后说：“还有对公司如此努力宣扬的职员，我要见见他。”于是邀请阿基勃特共进晚餐。后来当洛克菲勒卸任后就提拔阿基勃特担任了第二任董事长。

正是这样不起眼的几个字，成就了阿基勃特。在签名的时候顺便写上“每桶4美元的标准石油”，其实是一件非常小的事，但阿基勃特做了，并坚持把这件小事做到了极致。

作为一名普通的职员，要想在公司崭露头角，就一定要用心去做好老板交给你的每一个任务，即使是很普通的一件小事，也要尽力去做到最好。大事都是从小事做起的，要想成功，必须一步一个脚印地向上攀登。正所谓：“勿以恶小而为之，勿以善小而不为。”一个良好的人，必须自觉地去做好每一件不起眼的小事。

没有做好小事的态度和能力，做好大事只会是“无本之木，无源之水”。小事就像是一个房子的地基，如果没有一个良好的地基，想建造一个美丽的房子只能是一种美好的向往，没有地基的房子是永远也建不起来的。

那些不愿做小事的人，只怕连小事也做不好。很多人都是眼高手低，好高骛远，不屑于做小事，总盲目地相信“天将降大任于斯人也”。力不及所负，才不及所任，必然祸及己身，导致混乱。不要瞧不起小事，从小事做起，成功并不遥远。

◇把每件小事都用心做好◇

西点军校严格要求每一个学员将自己身边的每一件小事都要做好。伟大源自平凡，坚持做好每一件小事，才能够创造出伟大的业绩。一个不愿干小事的人，永远也做不成大事。

作为一名企业的员工，一定要从工作中的小事做起，认真地干好每一件小事。在工作过程中，会有许许多多的小事。干好一件小事并不难，难的是把每一件小事都做好。

对于公司来说，员工的每一件小事就组成了公司的一件件大事，所以，千万不能忽略这些小事，一件小事的失误，可能直接影响到公司的发展。

要做好每一件小事，就要经常磨砺自己，提高自身的业务素质，培养良好的工作作风，做个踏实肯干、热情负责的员工。

兰德公司是当今最负盛名的决策咨询机构，一直高居全球十大超级智慧团排行榜榜首。它的职员有1000人左右，其中500人是各方面的专家。兰德公司影响和左右着美国在政治、经济、军事、外交等领域的一系列重大事件的决策。

1950年，朝鲜战争爆发之初，就中国政府的态度问题，兰德公司集中了大量资金和人力加以研究，得出7个字的结论——“中国将出兵朝鲜”，作价500万美元（相当于当时一架最先进的战斗机的价钱），卖给美国对华政策研究室。研究成果还附有380页的资料，详细分析中国的国情，并断定：一旦中国出兵，美国将输掉这场战争。美国对华政策研究室的官员们认为兰德公司是在敲诈，兰德公司的结论纯粹是无稽之谈。

后来，从朝鲜战场回来的麦克阿瑟将军感慨地说：“我们最大的失误是舍得几百亿美元和数十万美国军人的生命，却吝惜一架战斗机的代价。”

事后，美国政府花了200万美元，买回了那份过时的报告。

“中国将出兵朝鲜”七个字，字字无价，那380页的资料是兰德公司研究了多少细节问题才总结出来的呢？

军事上的战略决策要从研究每个细节中来，商战中的战略决策也同样如此。

西点人认为，将那些有意义的工作做好，是成功的前提。任何老板都喜欢那种愿意付出，在实际工作中想得更周全的员工。因此，要想成功，就要用心把握好每一次机会，做好身边的每一件小事。

酒店服务员每天的工作就是对顾客微笑、回答顾客的提问、打扫房间、整理床单；士兵每天所做的工作就是训练队列、操练战术、巡逻、擦拭枪械；办公室的员工每天所做的可能就是接听电话、整理报表、绘制图纸之类的小事，但是这些小事都要求人们必须付出热情和努力，才能够具体落实到位，这样才会得到工作的圆满成功。

人们应该承认一个事实，那就是在通往成功的路上，真正的障碍，有时只是一点点疏忽与轻视。这是因为每个人所做的工作，都是由一件件小事构成的。

小事虽小却可影响大事的发展，成功不是一蹴而就的，而是需要一步一步地迈向所设定的目标，不要觉得自己很渺小，更不要妄想一步登天。凡事都从小事做起，踏踏实实地做好每一件小事是最重要的。

只要将每一件小事情做好，我们就能够获得整个世界，这也是西点精神带给我们的启示。

◇成功源自对细节的追求◇

西点前校长潘莫将军说："细节最伤脑筋。"他要表达的意思就是，即使再完美的计划在执行的时候也要从小处着手，整个计划的成败就取决于这些细节。

◇艾森豪威尔

艾森豪威尔也曾经强调"每一个细节背后的伟大力量"。西点也深信细节的力量，努力训练学员养成追求细节的习惯，使其变成像呼吸一样的本能反应。一心渴望伟大、追求伟大，伟大却了无踪影，甘于平淡，认真做好每个细节，伟大却不期而至，这就是细节的魅力。

一个优秀的企业员工必须要尽职尽责，注意工作中的细枝末节，力争将自己岗位上的每一件事都做得非常出色。很多员工的时间观念很差，迟到早退或者不能按时完成工作等等。时间就是生命，时间就是成本，特别是对于初入职场的员工，更要有时间观念，唯有如此，才能在短时间内获得加薪和晋升的机会。

皮特是沃尔玛市场部的负责人。有一次他想印刷一个商品的宣传手册，听说这个消息，一位朋友向他推荐了一个印刷公司的老板。这位老板也很想争取到这个生意，于是他带着精美的样本、仔细的价钱建议和热情的许诺去见皮特，但是他却迟了20分钟。尽管他的样本和价钱都很好，但是皮特还是决定不跟这位老板合作。对皮特来说，准时才是这位老板能争取到这笔生意的最关键条件。从这位老板不能守时的态度上，皮特断定他也不能将工作做好。

能否守时不仅是一个人素质的体现，更能从这个小的细节上看出一个人能否担当重任，能否按时完成工作。

展示完美的自己很难，但毁坏自己很容易，只要一个细节没注意到，就会造成难以挽回的局面。正所谓，成也细节，败也细节。

一位年轻人准备去钢铁大王那里做总经理，这个职位对他来说已经是唾手可得，却因为他在与钢铁大王的最后一次会面时没有穿一件像样的衣服，而让大好的前途白白丧失。

穿着打扮是一个人的必备修养，也是必须注重的一个基本细节，尤其是在重要的公众场合，更要注重修饰自己，整洁庄重的着装是对别人的尊重。

追求细节是一种精神，一切管理和制度都存在不足，一切合作与协调也都有缺点和空白，只有企业中的每个成员都关注细节，才能减少遗漏和空白，减少遗漏与失误。

在西点军校的训练项目中，很多项目是针对学员对于细节的把握和关注来实施的，对于细节的处理反映了一个人的能力与潜质。正是由于西点军校的细节训练，才造就了无数的管理人才。

企业或者公司也一样，都不能忽略了对细节的把握，一个企业或者公司的成败有两个重要原因：第一就是高层作出的决策是否正确；第二点就是高层以下的人员在执行决策的时候细节能否执行到位。

企业之间今后的竞争将是细节的竞争，企业只有注意细节，在每一个细节上做足功夫，建立细节优势，才能保证基业长青。海尔的“绿色通道功”、小天鹅的“全心全意”，其细节的周密程序都是令同行业公司望尘莫及的，他们的细节甚至细到自带拖鞋上门、怎么按门铃、预约时间、递名片时姓名要朝着对方等等。

其实，追求细节所依靠的是一种敬业精神和专业态度，在许多情况下，敬业精神可以弥补许多能力的不足，可以说“用心做事就能把事情做好”。

很多企业的领导者在任命员工的时候，首先都会安排他们做一些比较简单的事情，其实是为了检测员工对待简单小事的态度。只有新员工能够把平凡简单的小工作做好，领导者才会放心让他们去处理组织中更高层次的问题。

很显然，这些都是在告诉人们：要想成就一番事业，必须从简单的事情做起，从细微之处入手，耐心地将每个细节做到位。成功就是不断追求完美的过程。

把细节落实到位，就不会在小事上有纰漏，更不会不愿意或不屑于做上司安排的小事。世界虽大，众生虽多，但是能做大事者还是太少，只有把小事、细节落实到位，才能够锻炼出处理组织中大事的能力。

传统的冰箱门内侧都是平板式的，没有被利用起来，而且，冰箱门关上以后，采用的是插销扣紧的方式，冰箱使用一段时间后，容易出现合缝不严的问题，既影响保鲜效果，耗电量也很大。

针对这种问题，以完美为导向的三洋公司发明了“三洋冰箱门”。“三洋冰箱门”的四边贴上了磁吸橡胶条，使得门的密封性能好，且开启方便；门内侧装有分格物架，可放鸡蛋、小瓶饮料等物，十分便利，从而使冰箱内部空间得到最大限度的利用。这些小小的改进，却产生了惊人的效果，三洋冰箱一上市就引起轰动，自此，插销式电冰箱就无人问津了。

在市场竞争中，决定谁将在起步阶段领先的，是宏大的战略构想和超凡的创意，但是，决定谁能最后胜出的是每一处细节。

“优良品”与“次品”之间，相差也许仅仅是一个小小的缺陷，无论在大的方面如何成功，一旦存在细节上的漏洞，就可能使所有的工作前功尽弃。所以，必须把工作做到尽善尽美。

春兰集团多年来大力推行“零缺陷”运动。他们认为，虽然“世界上没有完美无缺的产品”，但一个优秀企业必须把追求完美无缺作为永远的目标。

细微之处见精神。在市场竞争中，细节并不显而易见，但它却能起到潜移默化的作用。大刀阔斧的竞争往往并不能做大市场，而细节上的竞争却永无止境。

每一个员工都应注重细节，把事情做到尽量完美，看不到细节，或者不把细节当回事的人，永远只能做别人分配给他们的工作，甚至这样也不能把事情做好。而注重细节的人，不仅认真对待工作，将小事做细，而且能从中找到机会，从而使自己走上成功之路。

◇天下大事，必做于细◇

老子说：“天下难事，必做于易；天下大事，必做于细。”任何一件事情都是由细节组成的，要解决这些问题必须从小处入手，把细节做到位，难办的问题也就迎刃而解了。

在西点军校，细节在西点学员的头脑里占有非常重要的地位，可谓“成也细节，败也细节”。西点军校要求每一位学员始终保持高度的注意力，始终具有敏锐的判断力，能够对战场上出现的每一件小事迅速做出回应。

西点学员每天都要检查服装仪容，包括皮鞋、扣环是否擦亮，衣裤裙子是否穿戴整齐到位。背诵新学员须知是西点细节训练中的一个环节。新学员须知是冗长固定的，包括会议室有多少盏灯、水库有多大的蓄水量等。

新学员还要轮流报日程，在报日程的时候，如果有任何错误，学长都会过来质问。新学员必须背诵出当天相关的信息：包括日期、值日官姓名等等一些问题。

在企业管理中也同样适用，员工是否把事情做到最细关系着企业的兴衰成败。如果能把每个细节都做到无懈可击，也许将来就是公司的老总。

“天下大事，必做于细”精辟地指出了做事情要从细微之处入手，最伟大的生命往往是由最细小的事物所组成的。一个不注重细节的人，对工作必然缺乏认真的态度，而只是把工作当做一种不得不完成的任务。而考虑到细节、注重细节的人，一定会注重在细节中找机会，从而使自己得到更快的提升。

在职场中每一个细节的处理，都反应了一个人的能力和态度。要想把每一件事情做到完美，就必须从细节做起，付出你的热情和努力。

现代社会，竞争无处不在，那些看似不起眼的细节往往决定了一个员工和一个企业的发展前途。有时候，细节就是机遇，人的成功也是把握了每一个关键细节，一步步地走向成功的。

希尔顿就是一个注重细节的人，希尔顿饭店的服务员脸上永远带着微笑，希尔顿饭店力争让微笑成为员工的一种习惯。而希尔顿饭店的身影遍布世界各地。做好小事方能成就大事，任何事都是从细微处入手的。

日本松下电器公司的创始人松下幸之助就是一位把小事做得很到位的管理者。他的一位行政主管说，在松下公司由松下先生亲自负责解决的问题，有许多是小问题。正是由

◇松下幸之助

于松下先生细致的办事原则和严谨的管理方法，才使该公司能够稳步发展和迅速扩大。

一些管理者认为，企业的高层经营管理者不应管理细节问题，而只需把握企业的主干就可以了，各种具体的细节问题应让部属去干就可以了。毫无疑问，这种管理方法是非常错误的，一个成功的管理者绝不会对细节问题放在一边，反而会更加用心地去了解和管理。

查尔斯·狄更斯说："什么是天才？天才就是注意细节的人。"

日本的东芝电器公司1952年前后曾一度积压了大量的电扇卖不出去，为了打开销路，公司管理者费尽心机地想了不少办法，依然没有什么大的起色。

一天，有一个小职员向公司领导人提出了改变电扇颜色的建议。当时全世界的电扇都是黑色的，东芝公司生产的电扇也是这样。这个小职员的建议顿时引起了公司领导人的重视。经过研究，公司采纳了这个建议。第二年夏天，东芝公司推出了一批浅蓝色电扇，大受顾客欢迎，甚至还供不应求，在短短几个月之内就卖出了几十万台。从此以后，日本乃至全世界的电扇不再只是黑色的了。

只是关注了颜色这一点，其经济效益就猛然增长，但成千上万的电器公司为什么没人提出来呢？这大概与自从有电扇以来，颜色就是黑色的有关系，似乎黑色已经成了标准，成了权威。这样的传统反映在人们的头脑中，便成为一种源远流长、根深蒂固的思维定式，所以就造成了产品的千篇一律。

作为一个管理者，必须要把握好细节的训练，尤其是在面对紧急或者突发事件时，这些细节的训练就显得尤为重要。这方面，石油大王洛克菲勒做得就非常好，他甚至能够知道一滴油的体积是多少。

而一名员工要想把每一件事情做到无懈可击，就必须从细节开始做起，付出你的热情和努力。一个有责任心的员工肯定是注重细节的，因此，很多公司在招聘员工的时候，考察的一个重点就是细节问题。其实，很多改变命运的小事就潜藏在你的身边，只要你能以细节为突破口，定能步入一个全新的境界。

◇决不能忽视关键细节◇

西点毕业生、美国在线前首席执行官詹姆斯·金姆斯说："大事往往蕴含在小事之中，细节是完美的最好体现方式。"

海尔的高层管理者经常说的一句话就是："要让时针走得准，必须控制好秒针的运行。"在企业管理中，绝不能忽视所有的细节，而必须坚持从细节入手。

2003 年 2 月 1 日美国哥伦比亚号航天飞机返回地面途中，着陆前意外发生爆炸，飞机上的七名宇航员全部遇难。全世界感到震惊。美国宇航局负责航天飞机计划的官员罗恩迪特莫尔被拘辞职，此前，他在美国宇航局工作了 26 年，并已担任 4 年的航天飞机计划主管。事后的调查结果表明造成这一灾难的凶手竟是一块脱落的隔热瓦。

哥伦比亚号表面覆盖着 2 万余块隔热瓦，能抵御 3000 摄氏度的高温。1 月 16 日哥伦比亚号升空 80 秒后，一块从燃料箱上脱落的碎片击中了飞机左翼前部的隔热系统。宇航局的高速相机记录了这一过程。

应该说航天飞机是一流的，但就因为 2 万余块隔热瓦中的一块的脱落就毁灭了价值连城的航天飞机，还有无法用价值衡量的七条宝贵的生命，在这里，一个小小的细节上的失误，造成了多么惨痛的伤亡和无比巨大的损失。

在市场竞争日益激烈的今天，任何细微的东西都可能成为企业成败的关键所在。提升解决问题的能力，必须要从关键的细节入手。不要忽视细节，这在现代职场上已被奉为金玉良言。

如果能够很好地做到发现细节，又能处理好细节，需要一定的理论修养、专业知识、实践经验和借鉴能力等综合素质。

初入职场的年轻人，容易好高骛远，对工作的细微之处毫不在乎。但有时，往往就是在那些微不足道的细微之处，掩藏着难得的机会。

军规四　向上司学习

作为一名士兵，就要尊敬自己的长官，并且要以长官为榜样，向长官学习。在企业中，作为一名领导者，必然有其过人之处，员工同样要尊重自己的领导，处处以上司为师，从而上下级的关系才能和谐。领导更要以身作则，为员工树立榜样。

◇换个角度看上司◇

在西点，每个下属对上级军官都是绝对服从，并且绝对尊重的。因为每一个西点学员都明白：轻视自己的上司也会使自己轻视学业，容易在思想上走入一种误区。

对西点学员来说，即使自己的上级是一个没有气度的人，即使有时候上级故意苛求新学员，对新学员的真诚不屑一顾，在这种情况下，新学员也绝对不会对上级心怀嫉恨。上司怎样评价自己，西点的新学员绝对不会太在意，他们会一如既往地做好自己的本职工作。

西点48届学员ITT公司总裁阿拉斯考格曾说："我们所要学习的对象就在我们眼前，指挥官绝对是我们的榜样，我们严格遵守上级给我们的一切命令，绝对服从，这是一个合格军人的天职。"

在西点，每一个上级军官对待下属都是极其严厉的，作为下属每时每刻都必须小心谨慎，否则他们会被处以严厉的惩罚。

在西点传达着这样一种精神：军官的工作性质与士兵不同，他着眼于军队整体的发展和规划。这些工作都需要长期的知识和经验的累积，而使一支军队能够正常运转，并没有那么简单，它是一个相当复杂的过程。

西点军官作为一个管理者，他们的目的既不是为穷士兵募捐，更不是为他们提供避难所，他们的主要责任和目的是要不断训练军事，以在危难时保卫国家。同时，军官们要勇于斗争，在战场上善于运筹，因而能够使更多的士兵拥有更多的生存机会，从更大范围来保护士兵。

作为一名员工，要相信自己，并肯定自己。只要一如既往地做好自己的本职工作，不去在意上司对你的偏见，你的工作能力肯定能够提高很多，你的工作经验也会相应地丰富起来。

很多员工总觉得一个管理者是很轻松悠闲的。其实，上层管理者不一定比员工好当。一个员工只是负责自己工作职责范围内的小事情，而作为一名管理者却担负着整个公司的运营统筹规划，所以，他们的责任是相当重大的，他们所承受的压力也是很大的，因为整个公司的大局需要他们来定夺，稍有不慎就可能会给公司造成严重的损失，所以他们需要耗费相当大的精力和心血来为公司负责，为所有的员工负责。

许多员工常常因为对上司有太大的期望，才会苛求他们，但他们既不是慈善家，也不是迫害狂，他们只是想以最小的投入来赢得最大的产出，获取最多的利润。员工应当先进行认真仔细的分析，再做出上司是否在压榨的结论；同时，也应当反省自己是否完全尽到了责任。

员工的使命是帮助他的上司完成现实目标。然而，这些目标究竟是什么目标？有的时候，答案简洁明了，可有时，不得不做一点更深层的挖掘。员工们在追求自己的目标时，很容易忘却最初的原因：上司认为你能尽心尽力，做出贡献。

一般说来，时刻和军官保持一致并帮助军官取得成功的士兵，往往最终会成为军队的中坚力量，自己也会成为令其他士兵艳羡的军官。因而，西点的新学员学会了深刻反省自己的缺点，同情并理解军官的事业，他们从来都不会对苛求他们的学长产生不满。

任何学员都清楚，个人的成功是建立在团队成功之上的，没有整个团队的成功，再优秀的新学员也没什么用。军官和新学员并不是对立的，优秀的西点军官从来不亏待有能力的新学员，而新学员则会更加忠诚地为军官效命。

在一个管理严格、制度健全的公司，任何的升迁都是通过个人的不懈努力获得的。管理严格、制度健全的公司升迁渠道通畅，这样就给了那些工作能力强的员工一个公平竞争的平台，只有在这样的公司，人才会把自己看成是公司的一分子，才不会认为自己跟公司上司是对立的，才会把自己的利益和公司的利益看成是一致的。

作为一名员工应该看到自己的上司为了工作而付出的勤奋和努力，感受到作为一名管理者的辛苦和不易。轻视自己上司的结果就是轻视自己的公司和自己的工作，这样的状态是不可能做好工作的。

在西点，军官和学员并不是对立的，如果你是一名非常优秀的学员，那么同样也能得到军官的赏识和器重。而学员会更加努力地为军官效力。学员的成功意味着军官的成功。

在公司里也一样，任何的职位变动和升迁都是通过个人的努力获得的。一个管理制度健全和严格的公司，可以给员工提供一个非常好的展示平台，只有这样，员工才可以把自己当成公司的一分子，尽自己的全力为公司效力。

有时候要换个角度，站在对方的角度考虑一下，不要对上司太苛求，不要对他们抱有太大的期望，他们也想让公司发展得更快更好，以最小的投资获得最大的收益。

“金无足赤，人无完人。”作为一名员工，只有做好自己本职工作，不在意上司的偏见，在工作中提升自己的能力，才能让自己成为一名优秀的员工。

◇以上司为榜样◇

尊重上司是西点学员必须学会和遵守的一个原则。西点那些年轻有为的军官多半都是由学长们培训出来的，新学员能够把学长看成自己的老师，因为他们明白学长必然在某一方面存在着过人之处。

学长对待新学员是极其严厉的，新学员害怕他、尊敬他、服从他、钦佩他，从他那里学会了怎样在战场上生存的本领。

西点新学员能够把学长看成自己的老师，因为他们明白学长必然在某一方面存在着过人之处，不管承认与否，这都是客观存在的。

总体来说，他们处处可以表现出经验丰富、工作努力的姿态。好的军官会让新学员在没有严酷的价值判断、公开批评的情况下顺利成长。

在他们各自的基础训练营里，士兵和胸怀大志的军官都会请求他们给予指导、管理和认可。即使后来能成为将军，他在西点的活动也必须得到学长的批准。许多军官会大声地对他的部属下令，其威信使新学员敬畏。

毕业于西点军校的军火大王亨利·杜邦，现在已经是工商界的亿万富翁。在谈到自己的成功经验时，他深有感触地说：“其实，这个世界上没有什么人是圣人，我的成功在很大程度上得益于我在西点接受的教育，它使我形成了积极的世界观。”杜邦不但把自己的闪光点发挥得恰到好处，而且，还特别善于利用下属的优点。

一个有头脑的员工必须找到一个值得学习并为其效力的领导者，从他们身上学习如何对待工作中遇到的难题。领导者的主要智慧是全局统筹规划，制定公司的长远目标，为公司寻找一批优秀的人才，共同为了公司利益谋发展。他们在领导和管理以及专业知识上会更胜一筹。

任何公司都面临着一个不断成熟、不断发展的大环境，员工的学习和创新就显得尤其重要，勤奋学习的人才能够超越别人。一个公司的生存与发展，在很大程度上取决于员工的素质，员工要在做好本职工作的基础上锻造良好的素质，就必须要不断学习。

公司要想发展壮大，必须努力培养一批优秀的、有潜力的员工，与公司共同成长，共同进步。员工要在做好本质工作的前提下，不断学习和提升自己。公司只有发展壮大，员工才能受益，所以要想让自己的事业发展迅速，就要不断学习，努力工作，提升自我。

刚刚毕业的工商管理硕士应该清楚：没有人比基层管理者能够更清楚地了解每个部门的生产流程，以及公司政策对于普通员工的影响。

上司的主要责任是制定公司的长远发展战略，而下属负责具体的实施。上司要做的是，聚集一批优秀的人才共同为今后的成功来打拼，共同为未来的发展而努力奋斗。公司的管理者应该发现自己的领导天分，发现员工的增长点。做上司不一定要比员工更有效率，或者在一些专业性问题上懂得更多，但你必须是员工学习的榜样。

好公司是一所好学校，上司就是这所学校中最优秀的教师，在这样的公司里，可以学到先进的管理经验、经营技巧、工作技巧以及如何处理人际关系等，这些都是在课本里很难学到的东西，会成为一笔宝贵的财富。公司的发展，给每个人都创造了均等的机会，每个积极向上的员工都要具备自觉学习和自我批判的能力，既要学习工作技能，更要在实践中提高自身素质。

员工一定要有学习的能力和意识，在学习的过程中要有灵性和悟性。有的员工虽然学历很低，但是他却在不断地学习，做出了非常优异的成绩，在公司中被提拔得很快，并担任了重要职位。

为什么有时候觉得自己的上司没有自己的能力强，而自己还是被别人雇佣，原因就在于这些人身上不具备上司所应该具有的品质。也许上司在很多方面不如你，但他却具备做上司的优秀品质。

要有一个谦虚的心态，向上司学习，以自己的上司为榜样，尊重并且欣赏自己的上司，只有这样，才会避免很多不必要的误解，工作起来会更加得心应手。

◇像老板一样思考◇

西点军校要求每一名学员都能够站在上级的立场，以上级的心态思考问题。这在企业当中也同样适用。一个将公司视为己有并尽职尽责完成工作的员工，一定会得到相应的奖赏。

如果能够将公司的资产视为自己的资产一样爱护，这样的员工在任何一家公司都是受欢迎的。

像老板一样思考是对员工能力的一个要求，站在老板的立场和角度上思考、行动，把公司的问题当成自己的问题来处理。这不仅是员工个人能力提升的重要准则，也是提高企业工作效率的关键所在。

“像老板一样思考”这种工作态度，源于IBM公司总裁老托马斯·沃森的一次销售会议。当时的会议气氛很沉闷，一直都是他自己在说，其他人则显得很不耐烦。

面对这种情况，老沃森缄默了10秒，待大家突然发现这个十分安静的情形有点不对劲的时候，他在黑板上写了一个很大的“THINK”，然后对大家说：“我们缺少的是对每一个问题的思考。别忘了，我们都是靠工作赚得薪水的，我们必须把公司的问题当成自己的问题来思考。”之后，他要求每一位员工都开动脑筋思考问题，提出自己的一些看法和建议，没有什么建议的可以总结别人的看法，否则不能离开会议。

这次会议成了公司发展的一个重大转折。许多问题被提了出来，并找到了解决的办法。从此，“思考”便成了IBM公司员工的座右铭。

每一位老板都希望自己的员工可以像自己一样，站在公司发展的角度来考虑问题。然而由于角色和对公司所有权的差异，员工的工作态度很难与管理者完全一致。有时候“公司的发展是由员工决定的”之类的话只不过是一句空话。

约翰是一位颇有才华的年轻人，但他对待工作总是漫不经心。为此，他的老师汉森先生跟他谈过一次话，他认为：“这又不是我的公司，我没有必要为老板拼命。如果是我自己的公司，我相信自己一定会比他更努力，做得更好。”

一年后，约翰写信告诉他的老师，他离开了原来的公司，自己开办了一家小公司。“我会很用心地做好它，因为它是我自己的。”在信的末尾他这样写道。汉森先生对他表示祝贺，同时也提醒他，对于将来所要遭遇的挫折一定要做好充分的思想准备。

又过了半年，汉森先生收到约翰的来信，信里写道：“我的公司已经关闭，我打算回到以前的群体里，我发现我总有那么多的事要去做，我实在应付不了了。”

很多时候，需要以老板的角度去考虑问题。这样每做一件事都会成为日后创业的宝贵经验，等到时机成熟后，就可以拥有自己的事业。许多员工心里这样想："我是不可能永远打工的，每干一份工作都是在学习经验，等到机会成熟，我会自己当老板。"这种想法很好，但是如果抱着"如果自己当老板，我会更努力"的想法就不好了。

如果想让自己成为未来的老板，办法只有一个，那就是不管在哪里工作，都不要把自己当成员工，而是把公司看作自己的事业。

虽然竞争是无声的，但可以感觉到这种力量的存在。因此，就要不断提升自己的价值，建立自己的竞争优势，就要学会虚心求教于身边的每一位同事，向他人学习。

西点教导每一个学员：你们很有可能成为自己所期望的样子。如果你们总是期望更高、更好的东西，并能够为此付出，就一定会达到自己的目标。

要想立于不败之地，必须要完善自我，建立自己的竞争优势，并且要以老板的标准要求自己，让自己在职场中取得更大的进步。

如果你对一项工作很精通，请不要满足，要想想还有没有更好的办法，这样就会让自己得到更大的进步。尽管有些问题不属于你的工作范畴，而应该是老板要考虑的问题，如果你去想了并且做了，那么你就朝着老板的方向迈进了一步。

以老板的心态对待工作，你就会成为一个值得信赖的人，也会成为一个老板喜欢的员工，如果工作突出，就一定会得到老板的欣赏和重用。假如自己站在老板的角度考虑，是否对自己的工作感到满意，有时候别人的看法并不重要，重要的是自己对自己的看法。

以老板的标准来要求自己，可以让一个人在职场中取得更大的进步，这其中包括：具有更强的责任心，努力争取更上一层楼；更加重视对顾客的服务；心智得到更大的提高；赢得更加广泛的尊重；取得更多的合作机会。

◇对老板充满感激◇

在西点军校，大部分的军官都要比新学员更加优秀和完美，也只有优秀和完美的新学员才有机会从士兵成长为军官。

西点学员很清楚，正是因为学长的苦心经营，他们才能成为一个合格的军人；他们之所以有今天的进步，也是因为学长对他们的正确批评和指导，问心无愧的西点学员，从不害怕别人的无谓指责和猜测。正是这种感恩的心，使他们光荣地肩负起“职责、荣誉、国家”这个西点校训所赋予的使命。

◇西点军校的主大门——塞亚大门

西点向来有着尊重上级、感谢上级的传统。西点学员时时刻刻怀有一颗感恩的心，这不仅净化他们的心灵，还让他们变得更加谦逊，成为一个受人尊敬和爱戴的军人。

这种感恩不是阿谀奉承，也没有丝毫的目的，而是发自内心的感激，是情感的自然流露。“谢谢你的帮助，长官!”“感谢你的支持，长官!”西点学员经常把这些话记在心上，并说出来。他们用实际行动努力工作，作为一种下属对上司的感谢方式。

在公司中，许多员工可以为一个陌路人的点滴帮助感激不尽，却无视老板的种种恩惠，将一切视之为理所当然，并将老板对自己的种种恩惠看成是一种商业交换，这就是公司老板跟员工一直矛盾不断的原因之一。

在公司的经营中，老板承担着最大的风险。如果公司倒闭，经营不下去，员工可以到别的公司打工，但老板可能会赔得倾家荡产。在这种高风险、高责任的情形下，他只信任他自己。因而，老板的信任是根据员工的表现而一点一点给予的。

雇佣与被雇佣确实是一种契约关系，不要死心眼地认定老板和员工是对立的，不妨换一个角度看待，从商业的角度看，它何尝又不是一种互动双赢的关系；从情感的角度看，其中还包含着一份珍贵的难得的友情。事实上每个人都明白知恩图报的道理，你对老板忠诚，老板也会给你奖励。

感恩不仅仅对公司和老板有益，对其他人也同样有益。感恩是内心情感的自然流露，它能使你变得更加有魅力。感恩是一把神奇的钥匙，能打开智慧之门，使你变得更加与众不同。

感恩能沟通员工与员工之间的关系，它还是一种生活态度。像西点学员那样，对上司充满感激之情，工作就变成了乐趣，自己活得很充实、快乐。

工作肯定会遇到不如意的地方，辞职之前再好好想想，在工作当中遇到的困难和麻烦，在工作当中积累了丰富的工作经验，并且还学会了很多在其他地方学不到的东西。每一个人都应该学会西点军人的感恩精神，这是人生道路上的宝贵财富。

第二章

团队至上

西点毕业生、著名将军威廉·丁·谢尔曼说：“我们的团队合作能力来自于谦逊，我们看到了每个人身上的优点，并去尊崇、超越，从而完善自我。”

军规五　始终坚持荣誉原则

西点军校之所以能够充满活力、经久不衰，一个很重要的原因就是它始终坚持把荣誉教育贯穿到整个教育的始终。无论西点怎样发展，西点人都会铭记他们的校训：国家、荣誉、责任。优秀的公司必须尊重社会价值，为公益作贡献，努力发展出色而可信赖的团体，塑造良好形象。

◇荣誉来自崇高的道德◇

西点著名教官马修·李奇微将军说：“西点军校一直是美国陆军高尚道德精神的无穷无尽的源泉，是陆军军官中的西点毕业生，把这种精神反复灌输给了全体军官军士。我认为，再没有什么别的东西可以代替这种力量的时候，我们绝不能为了向某种低下的社会道德让步而放弃西点军校的荣誉道德准则。”

西点校友会主席保罗·W·汤普森在总结自己一生的时候讲道：“一

◇马修·李奇微

个门外汉，当他仔细思考军校领袖们必须准备好承担的责任时，可以看出事情的核心和重点并不是教育技术和训练，而关键的是品格。肩挑重任的人都必须具有特殊的气质，才能挑得起这个担子。他的学业可以上下浮沉，但却不能失去这种品格和气质。细细考虑这种品格和特殊气质的养成，人们不禁要回想起西点的那些戒律——那些戒律同培养品格息息相关，同书本学习的关系只是偶然性的。”

福特公司创始人亨利·福特说：“一个公司只有在它的追求与社会的追求一致的时候，即公司生存的根本是惠于顾客、惠于员工、惠于社会，它才能永远兴旺。”

西点人追求卓越，而西点卓越的内涵必须包含崇高的道德因素，这是西点的传统。新学员一入校就向他们灌输这个理念。因为任何永恒的卓越都离不开道德成分。

作为公司的管理者，要想使公司成为发展壮大，就必须信任和友爱每一个员工，并尊重每个员工的人格尊严；通过向他们灌输工作中的主人翁精神，尽最大努力帮助员工赢得荣誉和完成个人职责；根据员工的能力和才能，给他们提供平等的机会；竭尽全力创造一个有益于创造性思维和自主行为的工作环境。

在公司中，优秀员工应该具有的基本道德规范是以公司为荣，保持诚实公正的态度和高标准的道德，并且不断进取，保持个人的尊严和公司的荣誉。

职场中要有职业道德，职业道德一贯为人们所重视，而在当今物欲横流、信仰危机的时代，它愈加显得弥足珍贵，而且是一切想成就大事者必备的素质和修养。

只要时刻将职业道德视作一种天赐的使命，在工作中尽心尽责，就能在工作中忘记辛劳、得到快乐。

位居世界500强的杜邦公司的一位面试官曾经碰到过这样一个年轻人，他虽然在应聘中超过了许多竞争者，可是在最后一轮面试的时候却很遗憾地被淘汰了。虽然心里十分难受，可是他还是没有像大多数人那样把沮丧的心情表现在脸上，而是礼貌地向面试官们表示感谢。

当他起身离开的时候，椅子上一个凸出的钉子把他的裤子划了一个小口子，面试官并没有发现，可是年轻人还是走上前去，拿起桌上的镇纸，把凸出的钉子给敲了回去，然后放回镇纸，给面试官鞠了一躬，转身离开。此时，面试官却拦住了他，问："为什么你都已经知道自己被淘汰了，却还会在意椅子上一颗小小的钉子？"

年轻人笑着说："这和面试毫无关系，我只不过是不想让后来坐这把椅子的人和我一样把裤子划破了。"

面试官激动地握着年轻人的手说："恭喜你，你被录取了。"

年轻人正惊愕的时候，面试官解释说："专业知识的缺少并不可怕，可以通过努力来弥补，可是职业道德却是一个员工最宝贵的素质，这才是我们最需要的。"

工作是生活的一部分。人生活要有社会道德，同样人工作要有职业道德。

索尼公司创始人盛田昭夫在回答一位记者关于优秀员工应具备的基本素质时说："如果你有某种权利，那不算什么；如果你拥有一颗具有道德良知的心，那你就会获得许多权利所无法获得的东西，这就是作为员工必备的素质。"

员工必须具有基本的职业道德，如：根据自己的志向和公司的政策，忠实地履行职责；尽可能以最完美的方式、根据有关法律规定来完成公司所赋予的职责；维护公司的财产，决不泄漏公司机密；通过与同事和有关部门的公开交流与合作，竭力提高工作效率，等等。

在自我发展方面，优秀的员工各自拥有楷模雇员的理想形象，通过持续的自我完善，坚持不懈地改善自我形象。他们在诚实和力求完美的基础上完成自己的工作，努力创造一种更好的工作环境。

职业是人的使命所在，职业道德是最基本的为人处世之道，拥有良好职业道德的人不会被埋没，只要善于等待，总有走向成功的那一天。

◇说谎只能让你一败涂地◇

西点军校对诚实十分重视，绝对不允许说谎，从西点对学员有关诚实、不说谎的规定就会领会到诚实的重要性。

西点军校专门颁布了文件，《学员荣誉准则》明确规定“学员不得撒谎、欺骗和行窃，也不得容忍他人有上述行为”。故意欺骗或哄骗的口头或书面陈述都是违背《学员荣誉准则》的。信誉与诚实紧密相关，学员必须赢得信誉。只有通过准确无误的口头或书面陈述，才能赢得荣誉。

学员必须如实回答所有正当问题，即使答话可能牵涉学员纪律制度处罚的有关事件。如果证据表明已经发生了违反法令的事，并有理由相信被讯问的学员与此事有牵连，或者他知道别人参与了此事，那么，这种讯问就是正当的。按照美国军事审判统一法典，学员可以被讯问，也有权保持沉默，对有关指控或怀疑不予答复。

对于违反荣誉守则的行为，学校会给予最严厉的处罚。学校会召开荣誉听证会，就像法庭的审判一样，有关违规行为的正反证据，都在听证会上列举，最后由荣誉委员会共同判决。如果判决结果是确实违反了荣誉守则，违规学员就必须退学。

在现实生活中，许多人都不能保证不说谎话。有时候说谎也许是迫于无奈，也许是一种善意的欺骗，但这种情况是很少的。

意大利电信公司客户服务部门招聘员工时别具特色，公司发给每一个应试者几粒绿豆种子，并说："客服是最需要耐心和恒心的，谁种出来的幼苗最具生命力，谁无疑就最适合这个职位。"

一个月过去了，应试者都捧着自己精心栽种的绿豆苗来到公司。大家的绿豆苗都长势茂盛，招聘人员看了却直摇头。经核对，发现有一个应试者没有来公司，于是，公司就打电话问他没有到公司复试的原因。这个应试者显得非常沮丧，他说："我的种子还没有发芽，虽然我已经够精心地照顾它了，我想我失去了这份工作机会。"

但他得到的回答却是："你被录用了，因为你的诚信，因为种子是被我们处理过的，它根本就不可能破土而出。"

诚信可以给人以光明，诚信也是公司的生存之本。一个公司必须信奉用户是上帝的准则，全心全意服务，再加上诚实守信的经营，才能在竞争中站稳脚跟。

诚信经营，利从誉中来。惟有践行承诺，将诚信经营进行到底，才能最终真正赢得客户，赢得市场。

◇超越平庸，追求卓越◇

西点意味着卓越。自新学员一入校，西点就向它们灌输这个理念。但西点强调的是，西点卓越的内涵必须包含崇尚道德的因素，这是西点的传统。因为，西点人明白，任何永恒的卓越都离不开道德成分。

麦克阿瑟曾对西点学员说："你们终生要以军旅为家，要一心想着胜利。在战争中，你们必须知道是没有任何东西能代替胜利的；如果战败了，我们整个国家就会灭亡；在你们的使命中，必须牢记责任、荣誉、国家。那些能挑起争论的国际国内问题让别人去喋喋不休地辩论吧；但你们要沉着、冷静、清醒，坚守在自己的岗位上，你们是国家防范侵略的卫士；在国际冲突的惊涛骇浪中，你们是国家的救生员；在战争的竞技场上，你们是国家的斗士。在一个半世纪的漫长岁月中，你们日夜戒备，英勇御敌，保卫了国家解放、自由、正义和公平的神圣传统。让公众去争论政府的功与过吧。让他们去争论连年的财政赤字、联邦政府日益增长的家长作风、各种权力机构变得十分傲慢、社会道德水准降得太低、各种税收增长得太高、过激分子变得更加肆无忌惮，等等，这是否削弱了我们国家的力量，伤了国家的元气！让他们去争论个人自由是否已经达到了应有的彻底和完整。这些重大的国家问题不是靠你们职业军人或军队来解决的。你们的座右铭就

◇麦克阿瑟

像茫茫黑夜中光芒万丈的灯塔——责任、荣誉、国家。”

西点对个人品质的要求很高，要求学员能够严于律己、认清正确的道路。他们在做出决定或选择前，首先要搜集和分析各种事实，使自己的行为变得公正合理，甚至被人视为典范。

西点要求管理者，除了最亲近的亲友同事之外，更要想到整个社会、国家。要做到这个境界，需要多年的努力，不断提高自己的眼界，关怀更多的人。

很多公司都追求卓越，但真正达到这个目标的往往是那些诚实经营、注重信誉的大公司。为什么很多人都愿意买IBM的电脑，这就是信誉的力量。人的一生要有道德准则，这比自私自利的人生更有意义。

公司中，到处充满着竞争，竞争要公平，要靠自身的实际能力去竞争。如果荣誉应属于别人，就不要去争，要有气度和胸怀。同时，对别人的请求，如果需要你发表意见，你要先作分析，谈真实意见，并且说到做到。

公司管理中经常会有这样的现象：一个有头脑的管理者常常可以使公司摆脱困境。这是管理者个人的影响力，也是管理者个人魅力作用的结果。管理者的吸引力，就包括人们所喜爱的良好个人品质。

优秀的品质是指管理者所应该具有的积极、健康、良好的个人德行和品格。一个优秀管理者必须具有这种优秀的品质，才是德才兼备的特殊人才。作为管理者，应善于控制自己的感情，善于取得他人的尊敬。

在力所能及的情况下，尽最大的努力去完成任务，是锻造个人形象的现实条件。对公司中的员工来说，工作必须尽快见效。一个人不管受领什么任务、选择什么工作，都要十分清楚，如果想树立完美的形象，高举道德的旗帜，就必须圆满完成每项任务，高效优质地做好每项工作。

西点学员从不敷衍了事、力求至善至美的习惯让他们从工作中体会到快乐。没有什么比圆满地完成一项工作，看着一件完美的作品更加令人心神愉快，感到满足了。

西点的宗旨是：没有什么可以阻挡你，只要你壮志不已。每位学员深知，全力以赴、精益求精的精神对人的一生影响是难以估量的。平庸和优异，一般和最好之间存在着很大的差别。对自己所做的事业精益求精，持之以恒，就一定能够磨炼出非凡的才华，激发出潜伏的高贵品质；这样不仅可以出色地完成任务，而且还可以在这个过程中升华人生。

当一个人因为能把一件事情做得尽可能完善而激动不已的时候，当一个人安静地欣赏着自己所做的一切而心满意足的时候，这是一种真正的永远的快乐，一种真正的成功。这种成功感可以促使人的各种才能得到充分的发挥，这也是西点的优异学员力求达到的。因为它可以激发人们的心智、陶冶人们的情操、增强人们的体质。

作为一个普通人，尽管没有受到如同西点学员那般严格的训练，如果没有严格要求自己，处事依旧马马虎虎，如此下去，良知就会慢慢泯灭，然后就会马马虎虎地工作。很快，心灵会变得麻木，终究会养成工作懈怠的习惯，习惯于敷衍了事而不会感到良心的丝毫不安。如果这个习惯没有得到纠正，长此以往，就失去了坚定的意志，心灵日渐颓废。对自己所做的每一件事都不再那么追求完美，缺少了精益求精的精神。懈怠的行为助长了不诚实的态度，老板在场时勤奋地工作，老板离开后粗制滥造、消极怠工。实际上，这就是一种很不诚实的行为。

◇荣辱与共，不断拼搏◇

西点87届毕业生、Compass集团总裁约翰·克里斯劳说：“我以前的一个室友违反了荣誉准则。当他把所做的事告诉我时，我并没有网开一面，而是告发了他。这并不是由于我不在乎他，我深深地关心他。但我知道，与他被给予第二次机会相比，原则更为重要。我当时 18 岁，我知道我首要的责任是坚守荣誉的原则。”

◇约翰·克里斯劳

西点认为仅仅培养管理人才是不够的，必须是品德高尚的管理人才。新学员一入学，首先就要接受荣誉教育，主要用具体事例说明珍惜荣誉、争取荣誉、创造荣誉、保持荣誉的重要性和方式方法，以及荣誉感对一生的好处。目的是让每一个学员逐步树立起一种坚定的信念：荣誉是西点军官的生命。

荣誉是职业军官的行为标志，是军事生涯的重要组成部分。通过成就创造荣誉，通过荣誉感取得更大成就，西点对此坚信不疑，始终把荣誉教育优先予以考虑。

西点军校公关部主任詹姆斯·威利中校举例说：“学员在撰写论文时，如果不在脚注中对一些被引用的观点和文字加以说明的话，一经查出，轻者要被严厉批评，重者则被勒令退学。”至于尊敬他人，西点告诫每位学员，如果自己想得到别人的尊敬，就必须以同样的尊敬和尊严对待别人。

正因为如此，西点军校经过 200 多年的实践逐步补充完善了一套荣誉规章制度。它的内容包罗万象、详细而完备，涉及学员生活的方方面面，而且是每个学员都必须严格遵守的。

荣誉教育完善学员人格，促进道德全面发展。西点军校培养的不仅是一名军人，还是社会的精英，这是在它的办学过程中最为引人注目的地方。荣誉制度和纪律规定相比似乎前者更引人注目，更有权威，也更严厉。背离荣誉准则的处罚一般也要比违反纪律的处罚来得严重。

西点的荣誉教育看得见、摸得着，并带有强制性。荣誉教育可以激发学员的荣誉感和责任感，可以化作强烈的内在动力，帮助每个学员完成学业，取得成就，并进而影响学员终生，也为公众树立良好的陆军军官形象。

马修·李奇微将军说："西点军校一直是美国陆军高尚道德精神的无穷无尽的源泉，是陆军军官中的西点毕业生，把这种精神反复灌输给了全体军官军士。我认为，再没有什么别的东西可以代替这种道德力量。我们绝不能为向某种低下的社会道德让步而放弃西点军校的荣誉道德准则。"

西点毕业生蒙哥马利·C·梅格斯说："我们应该继续执行荣誉准则，因为军事管理者需要更高的荣誉美德。但是，如果法律上的漏洞使犯罪的学员获得自由，我们又如何维护学员的荣誉呢？"

在公司中也是如此，没有人会对一个信誉不佳、纪律松弛的公司产生荣誉感，相反的，还会产生耻辱感。他们或许在和朋友聊天的时候闭口不谈自己的公司，即使是无奈地谈论起来也会附加一句：我正准备辞职呢。

IBM 公司是一个追求伟大与卓越的公司。究其成功的最重要原因，是其深厚的企业文化起到了举足轻重的作用，它使 IBM 公司的全体员工都有一种涌自深处的荣誉感。这个荣誉感也是推动 IBM 高速向企业目标前进的动力。IBM 成功地做到了如下几点：尊重个人、最佳的顾客服务、追求卓越、经理人必须有效地领导、竭力贡献股东、公平对待供货商、做一个优良的公司法人。

IBM 对外深信公众需求与本公司利益必须一致，努力且公平地与对手竞争，竭力创造一个健康的生活与工作环境；对内则对员工提供公平机会，不因种族、宗教、国籍、年龄、性别而歧视员工。正是因为深厚的企业文化使全体员工都有涌自深处的荣誉感、认同感，才造就今天的 IBM 公司。

一个好的公司，必然会有好的员工，这是公司荣誉的召唤。荣誉可以加强团体的向心力。公司的管理者如果致力于公司的发展而不是得过且过、鼠目寸光地追求现时发展的话，首先应该做的就是强化公司文化。

作为一个员工，既然选定了一个公司，就要把自己的事业和公司的发展结合起来，对公司的企业文化有一个认同感，这样才能与公司同生死、共命运。在公司兴旺发达时，会有巨大的成就感和荣誉感。当公司景况不佳时，会感到责任重大，并为扭转公司形势而倾心尽力，只有这样，才会实现自己的理想、成就自己的事业。

军规六　一定要做到受人欢迎

西点学员、美国汽车保险公司总经理麦克·德莫特说："军人并不是一个让人敬而远之的角色，事实上，当人们有困难时，肯定会把我们当做上帝的使者，军人永远是受大家欢迎的。"管理者在任何时候、任何场合都要保持礼貌，温文尔雅，不可摆出上司的架子。

◇记住别人的名字◇

西点军校对新学员有一项特殊的要求，每个人必须记住1400多名新学员的名字，每个学员经过1年的训练后，基本上能把基地1400多名学员的名字记得一清二楚。对于大多数人来说，没有比听到别人能够准确无误地说出自己的姓名更愉快的感觉了。

西点学员明白：记住其他学员的名字，而且很轻易地叫出来，等于给别人一个巧妙的赞美，因为人们把自己的姓名看得惊人的重要。不少人拼着命也要使自己的名字永垂不朽，这就是人性可以抓住的一个弱点。

记住别人的名字。对他人来说，名字是所有语言中最甜蜜、最重要的声音。一个跟你谈话的人，他对他自己的需求、自己的问题，要比对你的需求和问题感兴趣千百倍。

西点毕业的学员都能做到专心地听讲，真诚地对不了解的事情感兴趣。这种专心诚意地听别人讲话的态度，正意味着西点人能给予别人以最大的赞美。因为这种暗示性赞美恰恰是人类隐秘的“通病”所需要的处方。许多人十分需要别人的重视，一旦满足，他便会对人十分客气。

名字对一个人来说，是最重要的东西之一。它是一个人区别于其他人的重要标志。叫响一个人的名字，对于这个人来说，名字是任何语言中最动听的声音。

一般人对自己的名字比对地球上所有的名字之和还要感兴趣。记住别人的名字，而且很轻易就叫出来，等于给予别人一个巧妙而有效的赞美。若是把别人的名字忘掉，或写错了，你就会处于一种非常不利的地位。

有时候要记住一个人的名字很难，尤其当它不太好念时。刻意记住别人的名字，并且多去喊他的名字，因为，这样做可以让别人感受到你在关心他、重视他。

◇卡耐基

既然认识到了记住别人的名字的重要性，在生活和社会交往中，就要有意识地去记住别人的名字。

卡耐基有一次开车到新泽西西洋城的一个加油站加油，加油站的主人认出了他，而他们只是在 40 年前见过一面。这太让卡耐基吃惊了，因为以前他从未注意过这位先生。

可是他叫出了卡耐基的名字，还提到

了那所学校。他见卡耐基还是有些疑惑，就接着说："你还记得比尔·格林吗？还记得哈里·施密特吗？"

"哈里！当然记得，他是我最好的朋友之一。"卡耐基回答。

"你忘了那天由于天花流行，贝尔尼小学停课，我们一群孩子去公园打棒球，咱们俩一个队？"

"劳森！"卡耐基叫着跳出汽车，使劲和他握手。

如果一个名字实在太难记了，不妨问问其来历。许多人的名字背后都有一个浪漫的故事，很多人谈起自己的名字比谈论天气更有兴趣。要别人喜欢你，便要记住：做一个好的听者，鼓励别人谈他自己，而且你始终要把别人的名字挂在嘴上。

在公司中，公司管理者要学会巧妙地保住一个人的面子，决不能伤害别人的自尊心，抹杀别人的感情。在重要的场合，在重要的人物面前，能够亲切地叫出他的名字来，他会感激你，不再为那些小事怨恨你。

无论在任何情况下，绝对不能羞辱别人的名字。

要像西点军人那样尊重他人，在任何场合都能记起别人的名字。人人都有强烈的自尊，满足他人自尊，等于给别人一个巧妙的赞美。他人会因这份赞美而感激，我们也将因这份感激而成功。

◇重视时间的价值◇

西点军人皆养成准时的习惯。一个出操常常迟到、开会常常延期的军人，根本无法在军队中立足。这样的学员即使是一个很诚实的人，迟到和延期出于其他的原因，但无论怎样的原因都不能成为理由，都无法弥补不准时给他带来的负面影响。开会准时的学员，无形中也会增加他自己的时间，延长自己的生命。

对军人来说，时间就是生命，错过1分钟可能造成整个战役的失败，西点军人对时间的教训来自拿破仑的经验。

拿破仑十分珍惜时间，他知道，每场战役都有关键时刻，能否把握住这一时刻决定战争的胜败，稍有犹豫就会导致灾难性的结局。拿破仑说，奥地利军队之所以不敌法国军队，是因为奥地利军人不懂得1分钟的价值。

同样，历史毫不留情地在拿破仑身上重演。在滑铁卢企图击败拿破仑的战役中，那个生死存亡的上午，他自己和格鲁希就因为晚了1分钟而被敌人打败，布吕歇尔按时到达，而格鲁希晚了一点，就因为这短短的1分钟，拿破仑被送到了圣赫勒拿岛上，成了阶下囚。

西点军校对守时有着严格的规定，在任何时候，迟到都会受到最严厉的惩罚，最严重时会被开除。西点军人在用他们的行动一再提醒我们，准时意味着胜利，准时意味着成功。

劳伦斯说："成功做事的秘诀，首要一点就是要养成准时的习惯，可是一般人的习惯往往是一再拖延。"

美国著名的思想家本杰明·富兰克林说："你珍惜生命吗？那么就请珍惜时间吧，因为生命是由时间累积起来的。别忘了，时间就是金钱。"简单直接地告诉了人们这样一个道理：假如你想成功，必须认识到时间的价值。

◇本杰明·富兰克林

凡是在事业上有所成就的人，都十分注重时间的价值，他们不会把大量的时间花费在没有价值的事情上。

在美国企业界，与人接洽生意能以最少时间产生最大效益的人，非金融大

◇摩根

王摩根莫属。人人都应该把摩根作为这一方面的典范，因为人人也都应具有这种珍惜时间的美德。

摩根每天上午 9：30 分准时进入办公室，下午 5 点回家。有人对摩根的资本进行了计算后说，他每分钟的收入是 20 美元，但摩根认为不止这些。除了与生意上有特别关系的人商谈外，他与人谈话绝不超过 5 分钟。

通常，摩根不是一个人在房间里工作，而总是在一间很大的办公室里，与许多员工一起工作。摩根会随时指挥他手下的员工，按照他的计划去行事。如果你走进他那间大办公室，是很容易见到他的，但如果你没有重要的事情，他也绝对不会欢迎你的。

摩根能够准确地判断出一个人来接洽的到底是什么事情。当你对他说话时，一切拐弯抹角的方法都会失去效力，他能够立刻判断出你的真实意图。追求卓越的判断力使摩根节省了许多宝贵的时间。有些人本来没有什么重要的事情要洽谈，只是想找个人来聊天，但却耗费了工作繁忙的人许多重要时间。

摩根珍惜时间的行为说明他是一个懂得时间价值的人，正是这种重视时间价值的习惯成就了摩根金融大王的地位。

如果想提高自己的工作效率，让自己做出业绩，就要向摩根学习，培养自己珍惜时间的习惯。

在公司中一个做事常常不准时、乘火车常常脱班、约会常常迟到、付款常常延期的员工，其信用必定会一落千丈。构成卓越员工的两个要素，就是才能和准时，而前者往往又是后者的必然产物。因为凡是珍惜时间的员工，不肯让一分一秒从自己的指缝中流走的员工，最后一定能在他的生命中打上能力的标记。

西点军人明白在做事的过程中，再也没有比准时来得重要，也没有比准时更能节省自己和他人的时间。

毕业于西点军校的范德比尔特先生一贯非常准时。在他看来，不准时乃是一种难以宽恕的罪恶。有一次，他与一个请求他帮忙的青年约好，某天早晨的10点钟在自己的办公室里见那位青年，陪那位青年去会见一位火车站站长，接洽铁路上的一个职位。但到了那一天，那个青年去见范德比尔特时，比约定的时间竟迟了10分钟。所以，当那位青年到范德比尔特先生的办公室时，范德比尔特先生已经离开了办公室，去出席一个会议了，因此便没有见到。

过了几天，那个青年再去求见范德比尔特先生，范德比尔特先生问他那天为什么失约，谁知那个青年员工回答道："范德比尔特先生，那天我是在10点10分来的！""但是约定的时间是10点钟啊！"范德比尔特先生提醒地。

但那个青年仍然支吾着说："但迟到10分钟，应该没有太大关系吧?"范德比尔特先生很严肃地对他说："谁说没有关系？你要知道，能否准时赴约是件极紧要的事情。就这件事来说，由于你不能准时，就失掉了你所向往的职位，因为就在那一天，铁路部门已接洽了另 个人。而且，我还要告诉你，你没有权利看轻我10分钟的时间，以为我白等你10分钟是不要紧的。老实告诉你，在那10分钟的时间中，我正要应付另外两个重要的约会呢！"

纳尔逊侯爵曾经说过："我一生事业的成功，要归功于做事总是提早一刻钟的习惯。""准时是国王的礼貌、绅士的职责和员工的必要习惯。"有一句众所周知的俗语几乎可以成为很多员工的格言警句，那就是：什么时候都可以做的事情常常不会去做。

当机立断往往能够避免做事情的乏味和无趣。拖延则通常意味着逃避，到最后什么事情都做不好，做事情就像春天播种一样，如果没有在应该播种的季节行动，以后就没有合适的时机了。不管夏天有多长，也无法使春天被耽搁的事情得以完成。

作为一位称职的员工，必须像西点军人一样养成准时的习惯，做任何事情决不拖延，用最短的时间完成最困难的工作。

信息经济时代，时间的价值已远非自然经济和工业经济时代可比。不守时，既浪费了自己的时间，也浪费了别人的生命。

守时就是遵守承诺，按时到达要去的地方，没有例外，没有借口，任何时候都得做到。即便你因为特殊原因不得不失约，也应该提前打电话通知对方，向对方表示你的歉意。这不是一件小事，它代表了你的素质和做人的态度。

很多人没有时间观念，上班迟到、无法如期履约等，这些都是没有时间观念导致的后果。时间就是成本，养成时间成本的观念，将会有助于日后的晋升和工作效率的提高。

准时上班很重要，迟到是不能得到谅解的行为，因为这表示你对工作不够重视。常常迟到、早退，或是事先毫无告知便突然请假，既会让事情变得杂乱无章，又会妨碍全体成员的工作进度。这样的人无法为他人所信赖，更无法让老板信任。

做事准时的习惯，也像其他习惯一样，要早日加以训练。做最好的你自己，就必须像西点军人一样养成准时的习惯。

◇要学会欣赏别人◇

在西点军校，西点军校要求每位新学员都要学会发现和欣赏他人身上的特质，这样才能成为正直、谦逊、热情有礼的军人。

西点军人们知道，必须学会去欣赏别人，发现别人的优点，以补充自己的能量，事实上当一个人学会了发现别人的优点时，心情才会阳光起来，才能让自己的心智得到最大的营养，才具有达观的气质。即使不小心发现别人的缺点，那也是对自己的一种提醒，让自己学会了超越，懂得了如何与人相处。

能够从他人身上看出优秀的品质，并由衷地欣赏他们的成就时，才能真正赢得友谊和赞赏。每一位西点的学员都深知其中的道理。别忘了培养欣赏和赞美他人的习惯，认识和发掘他人身上优秀的特质。

西点军校教导学员们，每个人都必须围绕着自己的核心竞争力去不断地改进自己，让自己进步。你无法去改变别人的命运，但你得把握自己的命运。

西点军人认为，每个人都是相当复杂的综合体，融合了好与坏的感情、情绪和思想。你对他人的想象，往往奠基于自己对他人的期望之上。在工作中，没有人反对你去跳槽，但令人担心的是你的想法，你看事物、看人的角度。

人的心态为什么会不好，就是因为看到了太多丑的东西，事实上它并不一定是丑的，只是你的价值观与它不同而已，或者说你只看到了表象，未必是事情的本来面目。

人都有一种强烈的愿望——被人欣赏，欣赏就是发现价值或提高价值，每个人总是在寻找那些能发现和提高其价值的人。

一家成功的保险公司经理在谈到成功的秘诀时说：“很重要的一条是：我们欣赏我们的代理人。”

欣赏能给人以信心，能让对方充满自信地面对生活。欣赏能使对方感到满足，使对方兴奋，而且会有一种做得更好以讨对方欢心的心理。

如果一个员工得到经理的欣赏，他肯定会尽力表现得更好，而如果是一个小孩得到别人的欣赏，那他的表现会令人大吃一惊。

欣赏别人不能无中生有，对方根本没有的优点甚至是缺点，而你还大加赞赏，他会怀疑你是否在讽刺他，要么会认为你这人是个善于说假话、溜须拍马的人。学会了怎么去欣赏别人，路就会越走越宽阔。这是作为优秀的企业员工都应该拥有的良好心态。

◇礼貌是必不可少的标准◇

西点 71 届学员美国汽车保险公司总经理麦克·德莫特说：“军人并不是一个让人敬而远之的角色，事实上，当人们有困难时，肯定会把我们当做上帝的使者，军人永远是受大家欢迎的。”

西点队员的礼貌不是矫揉造作，它是一种习惯，但这种习惯来源于谦逊和自尊，以及一种发自内心的为他人服务的愿望。谦逊是在接受教官训练时养成的习惯，自尊则是稍后建立起来的，而为他人服务的愿望则源自当他做好事时，教官脸上难得一见的笑容。

西点队员学会了突出自己的想法或在回答时加上“长官”这一称呼。在新兵训练营的最初 12 个星期内，他甚至必须在对上级军官所说的每一句话之前加上“长官”这两个字。

现代企业界，客户服务正成为越来越多的竞争对手之间的区分因素，而员工的礼貌水平似乎正呈逐渐下降的趋势。在许多行业，客户可以在任何商店、公司或工厂里买到相同的商品。如果价格相同，客户在考虑从什么地方购买时，惟一可能起决定作用的因素就是较好的服务质量。

与产品自身的性能相比，客户与公司销售人员之间的良性互动更能决定客户的满意度。只要公司销售人员真心实意愿为客户服务，任何问题都可以解决。

每一家公司的管理者都应该向下属灌输一种只有在西点中才能看到的守礼意识，并且完全可以从“是的，先生”或“是的，女士”开始。

许多公司得以生存，依靠的不是首席执行官或管理者的决策，而是其服务人员的行为。然而诸多与公众打交道的员工似乎都没有认识到，客户购买他们的产品或服务的惟一原因，是客户个人所受到的待遇。

作为公司的管理者，在任何时候，面对任何员工，都要保持礼貌，都要表现出一副温文尔雅的姿态。不要以官阶压人，更不可大摆上司的架子。对待别人的办公室及所有公司的财产，都像对待自己的东西一样珍惜。定了约会，就必须准时赴约，不要让别人等待。不可随意浪费，尤其是不能随便浪费下属的时间。

永远牢记要像西点军人那样，清楚明白地向别人介绍自己，以及其他在场的人，切不可敷衍了事。也要永远记住随时说“请”和“谢谢”。以礼待人会使你的事业兴旺发达。

◇懂得关心别人才能受人欢迎◇

西点军校前校长A·L·米尔斯说："西点培养的军人不是一个让人敬而远之的角色，相反是在需要时，能为大家提供帮助的人。"

从西点毕业的学子在各个领域都取得了优异的成绩，这除了与他们本身的能力有关外，还有一个重要的原因就是，在西点，他们学会了如何使自己成为一个受欢迎的人。

西点军校所致力的教育目标，不仅是培养一流军官，而且是要把一流的年轻人培养成受人欢迎的人，培养成未来全方位的领导人才。

要使自己成为受欢迎的人并不是一件困难的事，只要能真心对别人感兴趣，不出两个月，就能收获更多的朋友。

在一些公司，许多员工却错误地用使别人对他们感兴趣的办法来赢得朋友。这种方式是没用的，别人不会对你感兴趣。他们只对自己感兴趣。

纽约电话公司对电话中的谈话做了详细的研究，想找出哪一个字眼在电话中最常被提到。你大概也猜到了，这个字就是第一人称的"我"。在500次电话谈话中，这个字被使用了3950次。

如果只是通过在别人面前表现自己来使别人对我们感兴趣的话，你永远也不可能成为一个受欢迎的人。真正的朋友，不是用这种方法交来的。

阿尔夫·阿德勒曾说："对别人不感兴趣的人不仅一生中困难最多，对别人的伤害也最大，人类的所有失败，都出自这种人。"

军规七　善于合作

团队制定共同的目标，并且能让每位成员分享整体的成功以加强向心力。只有善于合作，才能把企业做大、做强。一个员工是否具有团队合作的精神，将直接关系到公司的业绩。作为一个公司中的个体，只有把自己融入到整个公司之中，凭借整个集体的力量，才能把自己所不能完成的棘手问题解决好。

◇为自己的错误付出代价◇

在西点军校的训练中，如果有学员跑步时没有跟上步子，那些按时跑完的学员也得受处罚。如果有学员掉了步枪，其余的战友也要接受处罚。如果有谁在操练和射击时没按指令做好，或者集合时有人迟到，那全排的学员都得和违犯纪律的学员一块儿到操场上去做俯卧撑。

年轻的西点队员通过这种痛苦的方法懂得了一个道理：一人的错误可以影响整个团队。在战斗中，每个人都会因为其他任何一个人所犯的错误而付出代价。

犯错者必须连续好几个小时面对那些极不耐烦的队友们。他们会教他如何操练，如何组装手枪，以及其他一些训练科目。有时，甚至全体学员都要熬到半夜。

第二天一早，当起床号响起时，新学员们个个两眼发黑，但其训练的态度却是全新的。当然，现在西点已杜绝熬夜的做法，但共同受罚的确在西点的整体塑造上起了很大的作用。

任何一个公司，如果每一个人都能把精神心力百分之百地用在工作上，而不把它分散在相互倾轧和彼此对立上，公司的工作效率一定很高。

年轻的西点队员通过这种痛苦的方法懂得了一个道理：一人的错误可以影响整个团队。在战斗中，每个人都会因为其他任何一个人所犯的错误而付出代价。

公司中让做对事的员工为做错事的员工背黑锅，让人觉得有悖道德，但自有其理由。团队精神训练、团队合作的意义，不仅在于“人多好办事”，它的巨大作用在于团体行动可以达到个人无法独立完成的成就。

在没有管理层在场的情况下，团队会议可以每月举行一次。会上可以对制造麻烦的员工谈谈他这样做的后果，告诉他所有员工都因为他不负责的行为受到了惩罚，或者说至少没有得到奖励。

职场中很多人普遍表现出自负和自傲，他们在融入工作环境方面显得缓慢和困难，缺乏团队合作精神，每个人都会做出不同的结果，最后对公司一点儿用也没有。

善于合作，有优秀团队意识的员工，整个团队也能带给他无穷的收益。一个个体要想在工作中快速成长，就必须依靠团队，依靠集体的力量来提升自己。

公司管理者吸收这种文化后用一种更温和的方式将其运用在一些失职的员工身上。例如，如果一个月内没有违反安全生产条例，公司便请全体当班员工去小聚一下；违反了规则就要记录下来，这样，大多数尽责的员工便很快知道这个月为什么没有特别午餐。用一种机制促成“好”员工与“坏”员工相互交流学习，避免像西点那样全体员工都被牵涉。

共同的目标，不一定随时随地都能够激发员工努力的动机。需要发明一个敌人，或是对敌人重新定义来凝聚团队的精神和力量。荣辱与共、生死并肩是团队精神训练的有效诉求。

一个人的成功不是真正的成功，团队的成功才是最大的成功。对每一个上班族来说必须要有谦虚、诚信、善于沟通、团队精神等传统美德，团队精神在一个公司、一个人的事业发展中都是不容忽视的。

◇相互协作，共同进步◇

西点人十分注重相互协作，只有合作才能发展，个人自身的力量是渺小的。在西点，优秀的学员都懂得，良好的伙伴关系要求合作对双方都有互补性，而真正的互补又需要付出很多努力才能建立。

许多公司就是没有正确认识到两家公司合作的因素是什么，只认为合作兼并了好公司就能化危机为赢机，而忽视了条件的重要。要想协同作战一定要注意选择合适的伙伴。

这一点对公司的发展也是很好的启示。特别是现代的公司，公司与公司之间的合作毫不逊色于西点学员间的相互协作。

被人们所熟知的卓越公司如沃尔玛公司、英荷石油公司、微软公司等都极富协作精神，并构筑了自己独特的公司文化。他们懂得协作对于一个企业的重要性。

只有善于合作，才能把企业做大、做强。坚持利他利己的合作是王永庆一贯的宗旨。他拥有广阔的胸怀和长远的战略眼光，他相信为别人设想得越多，自己的收获越大。他与人合作本着相通相融、互相提携、互相合作、互相扶持的原则，坚持精诚合作、共存共荣、共谋发展。

1958年，为了解决塑胶粉的销路问题，王永庆决定对塑胶粉进行一次加工，于是王永庆设立了南亚塑胶厂。但是，南亚厂的规模并不大，消耗的塑胶粉十分有限，无法彻底解决塑胶粉销路不畅的问题。这个时候，王永庆开始考虑对塑胶粉进行二次加工，生产日用品。他认为塑胶制品能走进千家万户，市场前景将十分广阔。

接下来的问题是：二次加工厂由谁来办？他一直找不到合适的人选。有一次，王永庆乘坐飞机时，遇到了一个名叫卡林的美国人。两人经过简短的交谈，王永庆了解到卡林熟悉塑胶加工，并在日本神户开了一家属于二次加工性质的吹气玩具厂。王永庆想，如果能和卡林合作，塑胶粉的销路就不成问题了。下了飞机，王永庆热情款待了卡林，并真诚地邀请卡林到台湾办厂。卡林比较犹豫，因为当时他的加工厂在日本已经有了一定的基础，而且他并不熟悉台湾市场，卡林认为在这种情况下投资办厂有一定的风险。王永庆耐心地说："台湾的劳动力比日本还要便宜，如果你肯去台湾，办厂的费用我出，赚的钱归你。"卡林很是惊讶。

◇王永庆

王永庆认真地说："我是生产塑胶粉的，正在寻找销路。我决定自己开设加工厂。如果能搞成的话，塑胶粉的销路问题也就解决了。所以我希望跟你合作，你赚了钱就等于我赚了钱。”话都说到这儿了，卡林不再犹豫。双方很快进行了有效的协商，王永庆向卡林提供厂房与资金，同时台湾当局在税收等方面给予了一定的优惠待遇。

王永庆与卡林合作的工厂设在新店，取名叫卡林塑胶公司，主要生产雨衣、浴室帘布、小儿尿裤等塑胶制品。而且王永庆将冠名权让给卡林。

在以后的几年里，王永庆又陆续与人合作兴建了几家二次加工厂，塑胶产品销路迅速扩大。仅卡林加工厂就消耗了台塑总产量的20%，卡林由此也获益匪浅。

二次加工厂陆续办成并取得成效后，王永庆又开始新的探索。他认为二次加工的业务开拓范围是有限的，市场开发还不够，必须进行三次加工，生产人们的日常必需品。经卡林的介绍，王永庆结识了几位从事窗帘业务的商人。经过充分准备和洽商，王永庆决定创办专做三次加工的新东塑胶加工公司。

经历了几年的发展和磨炼，公司条件比以前更好了，而他本人也具备了丰富的经验，因此创办三次加工厂的事情进行得比较顺利，其产品以价廉物美不断地打进国际市场。

这时的王永庆已今非昔比，他已经建立起石油化学工业中下游一体化生产体系：台塑公司生产塑胶粉，南亚公司利用塑胶粉原料制造二次用胶布、胶皮等产品，再供应给新东与其他众多三次加工厂商生产各种塑胶制品。

在经商的道路上，王永庆与别人合作时始终坚持共存共荣原则。

台塑的玻纤与美国PPG合作充分显示了王永庆一贯坚持的合作理念。PPG在玻纤方面驰名世界，一开始他们提出了Know－how的费用。

王永庆解释说，双方合作，一切应该以合作公司未来的成就及发展为前提，而双方不但要放弃各自的片面利益，而且还要承担各自的义务，尽其所能多做贡献，在这样的前提下，双方投资比例各占一半，避免产生揽权的心态。

关于 PPG 要求支付 know－how 的费用问题，王永庆指出，公司将来的发展成就是双方合作最为优先的目标，如果双方任何一方为了一时的权利，要求报酬，就会造成合作公司在未获利之前，就要付出一笔费用，为公司发展制造负担。假如一切投入都是为了合作公司的长远发展，那么合作公司不仅可以建立稳健的财务基础，双方也会彼此尊重、互利，为公司的更好发展创造一个良好的环境。

对于合作公司生产技术人员的待遇问题，PPG 提出对所派人员应当和该公司其他外派人员一样，除依 PPG 一般薪金核薪外，应该有津贴，这部分费用要由合作公司承担。王永庆说，双方合作人员都是在合作公司任职，应该一视同仁，如果在待遇问题上有任何差别，尽管主要的合作者都能了解，但双方所派人员在工作上是密切联系，彼此是相辅相成的，缺一不可，这么做会使工人产生不公平的感觉，造成人事纷争，给工作带来不必要的麻烦。

分析了各种情况后，王永庆提出所派人员的待遇一概依照合作公司的规定，与台湾当地人员完全相同。经过认真考虑，PPG 终于同意了王永庆的要求。

与此同时，南亚方面同意将 19 公顷的工厂用地以非常优惠的价格卖给合作公司，表示诚意。

新的合作公司成立后，经过一段时间的适应，PPG 派来的工作人员，都圆满地完成了任务，陆续返美。在采购设备方面，双方又产生了分歧，PPG 力主采购他们过去有经验的品牌，而台塑企业却坚持自己的询价参考制度，工厂完工时，实际费用却只有 PPG 预算的 65%，这样就为合作公司的发展打下了良好的基础。

在这种合作精神下，王永庆成功地与国外企业携手，把先进技术引进台湾，壮大了自己的企业，提高了竞争力。由此可见合作的重要意义，不仅达到了自己的利益，还完善了自身发展，为企业的奋进奠定了基础。

协作永远是使自己受益也让别人受益，而只顾自己的人不会让别人受益自己也不会受益。只有懂得协作的人，才能明白协作对自己、别人乃至整个团队的意义。一个放弃协作的人，也会被成功所放弃。这是每一个西点人都遵守的至上原则。

现代公司的竞争就是团队间的竞争，就是团队协作能力的竞争。精诚合作的团队精神是公司成功的保证。在专业分工越来越细、市场竞争越来越激烈的前提下，单打独斗的时代已经过去，正像西点人的协同作战方案，合作变得越来越重要。

在现代公司团队建设中，打造一支“西点军人协作型团队”无疑是公司实现目标最有力的保障。

在公司中，不仅仅要在内部建立起互助合作的团队精神，也要善于与公司外的其他人合作。惠普公司虽然本身就已是一个很强大的公司，但也非常注重跟其他公司的合作。

西点人十分注重相互协作，他们深知只有合作才能发展，单纯依靠个人自身的力量是不能够真正强大起来的。

星巴克的每位员工在工作上都有较明确的分工，有人专门负责收款，有人主管咖啡的制作，有人专门管理内部库存。但每个人对店里所有工种所要求的技能都能熟练掌握，因此在分工负责的同时，又有很强的不分家概念。也就是说，当一个咖啡制作员忙不过来时，其他人如果不算太忙，会主动帮忙，完全没有“莫管他人瓦上霜”的态度。

所有在星巴克工作的员工，无论你来自哪个国家，在商店开张之前，都要集体到星巴克总部接受 3 个月的培训。学习研磨制作咖啡的技巧当然用不了 3 个月，培训的大部分时间用于磨合员工。公司设计了各种各样有趣的小礼品来及时奖励员工的主动合作行为，让每个人都时时体会到合作是公司文化的核心。

协作永远是使自己受益也让别人受益，而只顾自己的人不会让别人受益自己也不会受益。只有懂得协作的人，才能明白协作对自己、别人乃至整个团队的意义。一个放弃协作的人，也会被成功所放弃。这是每一个西点人都遵守的至上原则。

◇创造一个共同的目标◇

西点军校在培养现代型的管理者时，为了避免管理陷阱的发生，他们一个主要的训练策略，就是创造一个团体共同的敌人，激励众人一起来打倒它。

共同的目标，不见得随时随地都能够激发每一个成员努力的动机。管理者的挑战就是要设法激励团队的士气，带动每一位成员一起努力。如果成员对于最明显的目标不是非常认同，那么管理者也可以发明一个假想的目标来振奋人心。这就需要发明一个敌人，或是对敌人重新定义。

在西点军校巴克纳野战营，有一个活动，是把学员分成几个小组，让各组在几个小时之内完成组合桥梁的任务，这是靠团队合作才能完成的任务。这种组合桥，光是要抬起一块桥面，就需要一群人的力量。

因此，他们建立了一个假想的目标，对敌人重新定义。这种竞争有助于目标的达成，因为团体所追求的目标不仅对每一个成员很重要，同时对整个团队也很重要。

在公司中，最有效率的主管都明白，高度的团队效率乃是力量之所在。不好的主管只把部下当做自己手脚的延伸。

管理者首先必须非常尊重每一位成员，做到有效双向沟通，耐心倾听部属的建议。要能够让每一个成员分享整体的成功，加强他们的向心力。分享公司成果最明显的方式，是对整个社会有所贡献，而员工对这个成果都贡献了一己之力，也足以提高他们的成就感。

管理者要能为团队制定共同的目标。如果强调个人的工作绩效，是取决于共同目标的执行情况，那么所有的员工自然必须更努力去达成团体的目标。鼓励员工共同分析问题、寻求解决之道。主管要能加强开放沟通，协调员工之间的分歧，提高众人的共识。

制定努力的方向之后，如果还有不清楚的地方，管理者要明确地澄清、说明，让每一个员工都知道目标何在，以及背后的理由。

管理者建立起开放的沟通管道，就能创造出和谐的工作环境，员工彼此之间会乐于互相帮助，表现出团结、忠诚。开放的沟通可以让成员公开坦诚地解决内部的冲突。员工工作表现，应由主管和员工一起讨论决定，而此过程，就是维持双向的沟通。

◇合作达到双赢◇

西点82届学员西尔斯公司的第三代管理者罗伯特·伍德说："不论再强大的士兵都无法战胜敌人的围剿，但我们联合起来就可以战胜一切困难，就像军蚁一样把阻挡在眼前的一切障碍消灭掉。"

共同的价值观和共同的目标，尤其是荣誉守则是团队合作的基础。西点尽力加强学员的团队精神，让他们了解共享一切的重要性。对学员而言，没有个人的行为动机，只有团队的目标。

一个员工是否具有团队合作的精神，将直接关系到公司的业绩。作为一个公司中的个体，只有把自己融入到整个公司之中，凭借整个集体的力量，才能把自己所不能完成的棘手的问题解决好。

西点军校十分注重培养学员合作的精神，在很多训练项目中，都要求合作才能够完成，让学员们懂得，个人的力量是有限的，只有合作才能发展。要想取得胜利一定要注意选择到合适的伙伴。西点优秀的学员都懂得，良好的伙伴关系要求合作对双方有互补性。

这一点在企业里也同样适用，一个企业要想发展壮大，必须注意寻求良好的合作伙伴。

英国巨富石油大亨保罗·盖蒂，年轻时家境并不好，守着一大片收成很差的旱田，有时他挖水井时，会冒出黑浓的液体，开始他并知道这是石油。后来才知道这是宝贵的石油，于是旱田变油田。

保罗·盖蒂开始雇工开采起石油来。开始的时候，保罗·盖蒂会跑到油井旁去看，每次都看到浪费现象，他便把工头找来让他解决这些问题。然而，却是无济于事，每次去看，浪费现象依然如故。保罗·盖蒂想不明白，为什么他再三劝告也无济于事？该如何解决这个问题呢？保罗·盖蒂便向一位管理专家请教这些问题。专家只说了一句话，他说："因为这是你自己的油田。"这一句话点醒盖蒂，于是他立即召来各工头，向他们宣布："从此把油井交给各位负责经营，收益的25%由各位全权分配。"

从这以后，保罗·盖蒂再到各油井去巡视时，不仅没有发现浪费现象，而且效率也大大提高。正是靠这种高效的经营，才使得保罗·盖蒂形成了自己的石油王国。

保罗·盖蒂的成功得益于他坚持了双赢的经营理念。一个企业的成功不仅意味着老板的成功，也意味着员工的成功。只有老板成功了，员工才能够成功。老板和员工的关系可以说是"一荣俱荣，一损俱损"。

生意场上，双赢是最佳的选择。但要做到这一点却是很不容易的。首先，要打消自私自利的念头，与对方搞好关系，时刻站在对方的角度上考虑问题，双方合作愉快，双赢的局面便形成了一半；其次，还要掌握对方的业务特点。在对双方具体情况的深入分析中知彼知己，取长补短，才能在激烈的竞争中实现双赢。

1987 年 6 月法国网球公开赛期间，保罗·弗雷斯科和韦尔奇在巴黎招待他们的商业伙伴并一起观赏这一盛大赛事。法国政府控股的汤姆逊电子公司的董事长阿兰·戈麦斯也在他们热情的邀请之列。

韦尔奇事先已经与戈麦斯约好第二天去他办公室拜访。见面时的情形和韦尔奇与别的商家会谈时没有什么两样，只是一次普通的合作。彼此的企业都需要帮助。汤姆逊公司拥有一家韦尔奇想要的医疗造影设备公司。这家公司叫 CGR，实力不是很强，在同行业内排名也只是第四或第五。而韦尔奇的 GE 公司在美国医疗设备行业则拥有一家首屈一指的子公司，这家子公司几乎垄断了从 X 光机、CT 扫描仪到核磁共振治疗仪等医疗设备的全部业务。但是他们在欧洲市场却没有明显优势。尤其重要的是，由于汤姆逊公司是法国政府控股，实际上这就等于将韦尔奇的公司关在了法国市场之外。

在会谈中，阿兰·戈麦斯明确地表示他不想把他的医疗业务卖给韦尔奇，但韦尔奇决定看看他是否对业务交换感兴趣。因此他向戈麦斯说明，他可以用自己的其他业务与他们的医疗业务进行交换。在此之前，韦尔奇非常清楚阿兰·戈麦斯不喜欢 GE 的那些业务和公司，因此，他绝不会做赔本的交易。于是，他站起身来，走到汤姆逊公司会议室的讲解板前面，拿起一支水笔，开始在上面列出他能够卖给他们的一些业务清单。他列出的第一个项目是半导体业务，对方不想要。然后，他又列出了电视机制造业务。

这时，阿兰·戈麦斯立刻表示对这个想法很有兴趣。在他看来，他的电视业务规模目前还不算很大，而且全都局限在欧洲范围之内。他认为，通过这项交换可以把那些不赚钱的医疗业务甩掉，同时又能使他一夜之间成为第一大电视机制造商。他们两人对这项交易都很感兴趣，于是马上开始谈判。很快，他们达成一致。谈判结束后，阿兰·戈麦斯陪着韦尔奇走出了电梯，一直把他送到等候在办公楼外面的轿车旁边。

当车发动起来并从道路上疾驶而去的时候，韦尔奇一把抓住了他身边的秘书，激动地说："天啊，是上帝来让我做这笔交易的，我当然有理由把它做得更好。""而且，我认为阿兰·戈麦斯是真想做成这笔交易。"秘书回答他。他们都开怀大笑起来。韦尔奇确信阿兰也会有同样的感觉，因为阿兰·戈麦斯也同样清楚，他的电视机公司规模太小，根本无法同日本人竞争。这笔交易可以使他获得一个相对稳定的市场地位，从而加强了自身实力去应对一场巨大的挑战。

对韦尔奇来讲，他在国内的电子产品的业务年销售额为30亿美元，拥有员工3231人。而买进汤姆逊的医疗设备，自己的业务年收入则将增加到7.5亿美元。这笔交易将使韦尔奇在欧洲市场上的占有份额提高到15%。他将更有实力去对付GE的最大竞争者——西门子公司。

在余下的6周之内，交易过程中的所有手续全部顺利完成，并于7月份对外宣布。除了做交换的医疗设备业务之外，汤姆逊公司还附带给了GE公司10亿美元现金和一批专利使用权，这批专利权将会每年为GE带来1亿美元的收入。而同时，汤姆逊公司也变成了世界上最大的电视机生产商。

然而，韦尔奇出售电视机业务一事成了很多人批评的对象。许多媒体指责他向日本人屈服，另一些人则攻击他不爱国，只爱钱。他甚至被称为在战斗中开小差的胆小鬼。但韦尔奇对此发表评论说："这些批评都是媒体的一派胡言。事实是，通过交易，我们的医疗设备业务更加全球化，技术更加尖端，而且我们还得到了一大笔现金。每年专利使用费的收入就比我们前10年里电视机业务的纯收入还要多。而且，我们由此上缴国家的利税也是前些年的好几倍。"

就这样，韦尔奇与汤姆逊公司在很短的时间内做成了这笔交易，各自都扩大了业务量，最终双方都取得了成功，并成了很好的朋友。

双赢的魅力是建立在真诚地为他人着想的基础之上的，是双方合作愉快的结果，是促进企业快速成长的决定性因素。双赢思维有助于在工作中形成良性的竞争氛围，提高组织的凝聚力，避免出现两败俱伤的局面。

竞争在商场上虽然重要，但众志成城对企业生存而言，重要性绝不亚于竞争。

聪明的经营者具有双赢的思维。双赢思维在很大程度上是寻求互利。利人利己可使双方互相学习、互相影响及共谋其利。要达到互利的境界必须具备足够的勇气及与人为善的胸怀。

◇沟通解决问题◇

西点毕业生、优秀的经营管理顾问考克斯说："团队管理者最需要做的就是发展和维系一个畅通的管理渠道。"

作为一名西点军校学员，必须学会怎样与他人沟通，这也是军人所必须具备的素养。西点军校认为，一切都是从良好的沟通开始，他们要尽力做到让学员在离校前成为一名受人欢迎的人。

高效沟通是管理者必备的技能之一。管理者一方面要善于和更上级沟通，另一方面管理者还必须重视与部属沟通。许多管理者缺乏主动与部属沟通的意识，凡事喜欢下命令，忽视沟通管理，到最后就会出现很多问题和矛盾。员工也应该注重与主管领导的沟通。作为员工应该有主动与领导沟通的精神，这样可以弥补领导因为工作繁忙而忽视的沟通。

沟通不仅是管理者最应具备的技巧，也是公司最需具备的基本体制。有效的沟通可以有效化解内部矛盾，把上下、左右的关系调整到最佳状态。良好的沟通可以使员工真实地感受到快乐。加强公司内部的沟通，既可以使管理层工作更加轻松，也可以使普通员工大幅度提高工作绩效，进而增强公司的凝聚力。

有人认为，只要企业制度健全，在管理过程中就不会出现任何问题。其实不然，因为制度永远是强制性的，沟通才是人们本性的体现和要求，任何组织都不可能改变和忽视。沟通不仅能提高管理绩效，同时也能有效地防止冲突的发生。

从目的上讲，沟通是磋商互通的意思，即交换和适应对方的思维模式，直到彼此对所讨论的意见达成共识为止。

再说简单点，沟通就是让他人懂得自己的本意，自己明白他人的意思。事实上，只有达成共识的沟通才是有效的沟通。团队中的成员越多，存在的差异也就越多，就越需要队员进行沟通。

从根本上说，企业内部有效的沟通是一个企业能够顺利发展壮大的必要条件。沟通方式的畅通、沟通内容的综合利用都能为企业管理创造更和谐的环境，转化为推进企业的管理资源。通过与加盟商的沟通，我们可以获得最为准确的市场反馈，把握住最准确的市场动态。当一条顺畅的沟通渠道建立时，准确的市场反馈也就不难获得了，同时也减少了很多潜在矛盾的萌芽。

现代社会，市场竞争激烈。世界500强企业中，能兴隆10年的企业为数不多。财富的排行榜，年年都要刷新。在一个企业，任何一个成员只需要承担自己有限的职位责任，而总裁却要对所有员工负责，要让每一个员工意识到他们并不是孤立隔绝的，而是一个利益整体。

许多人际误会、矛盾乃至冲突都源于人际沟通障碍。一项调查表明，员工中80%的抱怨是由小事引起的，或者说是由误会引发的。对于这种抱怨，管理者绝不能掉以轻心，一定要给予耐心细致的解答，因为有时误会造成的裂痕是永远无法弥补的。另外20%的抱怨往往是因为公司的管理出了问题。对这种抱怨，管理者要及时与员工进行平等沟通，先使其平静下来，然后采取有效措施尽快加以解决。平等的沟通在一定程度上可以化解下属的抱怨情绪，还能激发员工的创造性，培养员工的归属感。

公司管理者有责任带动双向的沟通，因为这是管理者了解员工的最佳管道，以掌握员工的优缺点，以及对公司整体的特别贡献。只要员工能够从错误中学习，不要再发生同样的过失，那么公司管理者容忍员工诚实的过失就是得而不是失。

在面对面的公司管理中，处罚应该是最后的手段，因为要想改变员工的行为，处罚是效果最低的办法。但是如果员工明知而故犯，那么公司管理者就可能得诉诸处罚了。

平等沟通不是自然形成的，更不是一条行政命令可以解决的。管理者应该是平等沟通的积极倡导者，应首先主动地去找员工进行沟通，久而久之才能形成平等沟通的风气，才能激发员工的创造性。这一点在日本和美国企业的兴衰中表现得尤为突出。

微软大中华区 OEM 的总经理侯凯文曾讲过这样一件事：那天他和鲍尔默同时从美国飞到中国，侯凯文在机场检票的时候看到鲍尔默，简直有点不大相信，堂堂一个微软的总裁，就一个人带着行李包只身飞往地球另一端的中国，没有任何随员陪同。在香港飞利浦总部开会时，飞利浦的全球消费电子总裁也是一个人拖着行李箱从机场赶来，4 个小时的会议之后接着飞往北京。由此可见他们企业内部已经形成了一种非常平等的氛围，有着平等的企业文化，领导并没有高高在上的特权。只有形成了这种非常平等的沟通氛围，才能激活员工的活力和创造力，员工才能感受到自己的贡献得到了承认和重视，才会有承担更大责任的愿望。

平等沟通对留住人才起着巨大的作用。如果一个公司的高管们都能够放下高高在上的架子，与员工平等有效地沟通，公司的员工离职率就会降低。

美国 DAHON 企业的总裁韩德玮博士就是这方面的高手。在中国的分公司工作时不管有多忙，他都要找员工到办公室或一些娱乐场所聊天，只要是公司的一分子，哪怕是面对满身油腻的车工，他都主动地去与他们沟通交流。当了解到员工的所需所求，听到员工的心声之后，韩博士便耐心地去为他们办实事。这种爱才惜才的举动，让全公司的每一个员工心悦诚服，致使员工一干十几年都不愿离开公司，甚至有的员工连跳数次槽后，还是觉得这个公司好，又要求回到原工作岗位工作。DAHON公司的折叠自行车之所以畅销欧美 30 多个国家，一举成为此行业的领跑者，这与公司管理层的平等有效沟通有很大关系。

沟通的方式、方法都直接关系到企业的健康和谐发展。企业要稳定、要发展，企业管理者首先要学会与员工平等沟通。

军规八　培养团队精神

西点军校非常注重培养学员的团队精神。因为一个人的成功并不是真正的成功，团队的成功才是最大的成功。世界顶级企业都强调团队的整体建设。团队精神是达成大目标的最关键条件，高度的团队效率则是公司力量之所在。

◇要具备团队精神◇

所谓团队精神，是指一个团体中的所有成员积极合作，互相配合，在共同努力下达成某个目标。

刚刚进入西点的学员或许还并没有那么强的团队精神，但经过训练之后，就会变成一个全新的自我，通过训练，让每一个学员形成一种强烈的团队意识。只有依靠团队才能成功的意识深深扎根于西点学员的脑海中。

◇西点军校博物馆

无论是在日常生活中，还是在演习和战斗中，西点学员都是共同完成任务的。通过不断的训练，员工就会切身体验到团队的力量是多么强大。

西点军官与其上下级之间关系牢固，可以从他们的相互尊重、信任和信心程度以及道德程度上得到反映。其中尤为重要的是上级要尊重下级的人格，不论种族和性别，公正待人。

作为一名员工，也要有意识地提升自己的团队精神。一般而言，团队协作模式对个人的素质有较高的要求，成员除了应具备优秀的专业知识以外，还要有优秀的团队合作能力，这种团队精神，有时甚至比成员的专业知识更加重要。

对公司，高度的团队效率是力量所在。不好的主管只把手下当作自己手脚的延伸。

未来的管理者一生中有太多时候，必须把自己的命运交付在别人手中，这体现了团结的重要。众人形成合力，其效果惊人。

公司员工服从于一种命令系统。在公司中，若员工不能无条件地服从上司的命令，那么在达成共同目标时，则可能产生障碍。反之，如能完全发挥命令系统的机能，此团队在公司中凡事必可胜人一筹。

具备团队精神是十分重要的，它关系到一个团队的生死存亡。比如，在登山过程中，每组运动队员之间都要以绳索相连，一旦某人失足落下，其他运动员必须全力相救，否则，整个团队将无法继续前进。而当所有努力都无济于事时，失足队员就会割断绳索，让自己坠入深谷，以确保其他队员的生命安危，同时使比赛得以继续进行。

再如，一个由上千人组成的汽车装配流水线，只要其中一组人不工作，其产品就无法出厂，因为谁也不会购买一辆组装不完整的汽车。

在专业化分工越来越细、竞争日益激烈的今天，仅靠一个人的力量无法完成千头万绪的工作。一个人只凭着自己的能力很难取得一定的成就，但若能把你的能力与别人的能力结合起来，就会取得令人意想不到的成功。

团结就是力量，一加一等于二，这是人人都知道的简单运算，但应用在人与人之间的团结合作上，所创造出的业绩就不再是一加一等于二了，其结果可能是三或四甚至更大，这是再浅显不过的道理。

对于一个企业而言，团队精神更是必不可少的。一个人能与同事友好协作，以团队利益为重，才能把自己独特的优势在工作中淋漓尽致地发挥出来，这样自然能引起老板的注意，得到更多的加薪晋升机会。否则，就很难在现代职场中立足，因为个人英雄主义时代已经一去不复返了。

“有较强的能力并善于与他人合作”，已成为企业在招募员工时对员工素质的重要衡量指标。因此，职场人士应该明白这样一个道理：优秀并不是被任用的惟一理由。

一家公司招聘高层管理人员。初试过后，九名优秀者从上百人中脱颖而出，进入由公司老总亲自把关的复试。

老总看过九人的详细资料和初试成绩后，对他们的各方面条件都相当满意。但此次招聘只录取三人，所以，老总要给他们出最后一道题。

老总把九人分成甲、乙、丙三组，指定甲组三人去调查本市婴儿用品市场，乙组三人调查妇女用品市场，丙组三人调查老年人用品市场。对此，老总解释道：“我们录取的人是用来开发高层的，所以，你们对市场必须具有敏锐的观察力。让大家调查这些行业，是想看看大家对一个新行业的适应能力，每个小组的成员务必认真对待！”临走时，老总又补充道："为避免大家盲目展开调查，我已经叫秘书为你们分别准备了一份相关行业的资料，一会儿你们自己去取。"

两天后，九人都把自己的市场分析报告送到了老总那里。老总看完后，站起身来，走向丙组的三个人，与他们分别握手，并祝贺道："恭喜三位，你们已经被本公司录取了！"九人脸上立即露出疑惑的表情，老总见此，呵呵一笑："请大家打开我叫秘书给你们的资料，交换着看一下。"原来，每个人得到的资料都不一样，甲组三人得到的材料内容分别是对本市婴儿用品市场过去、现在和将来的需求、销售等情况所做的分析，其他两组的情况与此类似。

老总最后说："丙组的三个人很聪明，互相借用了对方的资料，补全了自己的分析报告。甲、乙两组的六人却分别行事，置队友于不顾，只想着自己。我出考题的最主要目的，是想看看大家的团结合作意识。结果，甲、乙两组由于缺少团结合作意识导致失败。要知道，团结合作是企业成功的保障！"

在谈到"团结合作"的重要性时，微软中国研发部总经理张湘辉博士说："一个人即使是天才，但只要团结合作意识差，我们也不要。中国 IT 业有很多年轻人才，但大多缺乏团队精神，虽能把简单的程序编好，但较大的程序就编不好了。微软开发 Windows 时有 500 名工程师奋斗了两年，有 5000 万行编码。软件开发需要协调不同类型、不同性格的人员共同奋斗，缺乏合作精神是难以取得成功的。"

20 世纪之前，科学家们大都单枪匹马地干，一个人在好几个科学领域内进行探索研究。比如，伽利略、笛卡儿和牛顿既是化学家，又是物理学家；赫尔姆兹既是物理学家，又是解剖学家和生物学家。

但 20 世纪以来，由于学科门类的骤增、学科知识的深化以及科学技术的复杂化，一个人的智力显然有限，不能再"眼观六路，耳听八方"了。一个人可以学有专攻，但要做到无所不知、无所不能，只能是痴人说梦。

上天对每个人都是公平的，它不会因为你是商场精英或是其他的成功人士就特别眷顾你。作为一名员工可以从以下几方面培养和提升自己的团队精神。

（1）尊重并欣赏你的伙伴。每个人都有被别人重视的需要。也许只是一句小小的鼓励和赞许，就可以让别人对你也更加敬重。

（2）时常反省自己。时常检查自己的缺点，团队工作需要成员的相互磨合，在与他人无法达成一致的时候不要固执己见，要善于听取他人意见。团队工作在于配合的默契。

（3）培养自己的亲和力。想要自己的工作得到大家的支持与认可，必须培养自己的亲和力，让大家容易亲近。平时除了工作之外，可以经常跟同事一起参加各种活动，关心他人的生活，让大家觉得你不仅是同事，也是生活中很好的朋友。

（4）保持谦虚。骄傲自大的人永远都不会受人欢迎。所以必须保持足够的谦虚。要看到他人的长处，善于向比自己优秀的人学习，只有这样，才能让自己进步得更加快。

如果按照上述方法坚持做下去，就一定能成为一名具有团队精神的优秀员工。

我们生活在一个竞争日益激烈的时代，既然存在竞争就需要合作。几乎所有的成功企业，都是在某种合作的形式下经营的。

只要浏览一下当天报纸上的新闻，就会看到这样类似的报道：在同一管理机构下合并的工商企业，创造出了辉煌的成绩。今天是两家企业合并，明天又是两家银行合并，过几天又是几家钢铁公司联合起来。这一切的联合行动，都是想在合作的基础上发展壮大自己的力量。

知识并不是真正的力量，因为它是散乱而无组织的，它只是一种潜伏性的力量。任何一家现代化的图书馆，都包含了一切没有组织的珍贵知识，这是我们这一时代所获得的遗产。但这些知识并不是力量，因为它们并没有被组织及联合起来。

在宇宙间，从最小的物质电子到最大的物质星球，这些物质都证明了宇宙最初的一项法则，就是“组织”。如果能够意识到这项法则的重要性，并熟悉这项法则的具体内容，进而积极有效地加以利用，一个人就容易取得成功。

◇团队的成功就是个人的成功◇

西点毕业生、西尔斯公司第三代管理者罗伯特·伍德曾说：“不论再强大的士兵都无法战胜敌人的围剿，但我们联合起来就可以战胜一切困难，就像军蚁一样，把阻挡在眼前的一切障碍消灭掉。”

团队的意义在于通过团队利益来实现对个人力量的整合，从而凝聚成一股强大的动力。为了增强学员的团队精神，西点军校专门设立了一个训练营——巴克纳营。训练营的演习是紧张而残酷的，其目的是要让每一位学员在演习中体验到团结的力量有多大。所有的项目必须依靠团队合作才能完成。

西点军校校长约翰·斯科菲尔德将军曾说过：“最好、最成功的指挥官，都是因为公正、坚定，加之和蔼亲切，才得到其下属的敬重、信赖和友爱。”这也即意味着，指挥官与下属之间的信赖、忠诚与尊重是实现团队合作的最根本的保证。

在团队合作中，为了实现最终的目标，个人都需要放弃自己的一部分利益。在团队中，要尊重他人的贡献和劳动成果。如果借助于别人的智慧和成果，就应该声明；如果得到了他人的帮助，就应该表示感谢。

《美国陆军军官手册》强调公平对待士兵。军官绝不能在士兵中有自己偏爱的朋友或“哥们儿”，军官不得成为“老伙计”，也不得成为“老兄老弟”。如果军官深得部属拥戴那只能是由于善于管理、办事公正、知识丰富和决策明智。

军队之所以能够在战场上取得胜利，不是因为个人的英勇善战，而是靠士兵的整体合作，如果没有全体士兵的有效配合、成功合作，那么一定会失败的。

一个企业也是如此，员工只有把团队利益放在第一，团结合作、共同努力，才能为企业创造更大的利润。

好的管理者可以激发员工内心中“我们就是整个机构”的认同感，由此强化员工对团队以及整个公司的双重忠诚。主管要让人明白，整个公司不是“你”、“我”，而是“我们”，在提到整个单位的时候要说“我们”。

团队建设强调员工价值，强调员工参与，满足个人发展需求。组建团队，以公司任命和员工民主组建相结合。团队构成要注意成员能力和性格的互补性，并将每个人放在最合适的岗位上。

对于企业员工来说，团队利益至关重要，团队精神对一个企业的影响是很深远的。

在阿姆科公司工作过的汤姆·霍金斯对此就有过很深刻的体验。这是一家从事钢铁行业的企业，进入20世纪90年代以后，钢铁行业的日子开始不好过，公司的资金不断流失。

在这种情形下，新老板吉姆·威尔走马上任，推出了一系列的改革措施来拯救岌岌可危的公司。他的一项最重要的措施就是：“把每个人都拉来战斗才可。”这绝对不是一句宣传性的战斗口号，而是在整治企业过程中切身体会到的最要紧的问题。

有一次他把心理学家请进公司到业绩最好的工厂去，请他找出工厂里能够让企业成功的员工带头人，结果令他惊奇的是，心理学家们回来后竟说："没有带头人。"威尔感到不可思议，而且并不相信这是真的，他说："在我们最赚钱的工厂里竟然没有带头人？"心理学家回答说："是的，但是工厂里却有最佳的团队，他们每一个人都互相合作，每一个人都把功劳归于别人。"

威尔听了以后，明白了一个团队在企业当中的作用，他决定建立一套训练制度以鼓励团队行为。于是，阿姆科公司设法造就一种新型的领导者，让他们尽可能地发挥团队的力量。新的领导方法实施后，公司成功地达到了"把公司的每一个人都拉来战斗"的目的。

经过这样一个大的改革，威尔终于成功地把公司的每个人都拉进了与他并肩作战的行列中，威尔发现做到这一点以后不久，公司的账面上开始有了新的赢利，且赢利的数额越来越大。通过激发员工团队至上、团队利益第一的思想，威尔成功地挽救了自己的公司。

不光是阿姆科公司，世界闻名的大企业都非常注重培养员工的团队精神，只有把团队利益放在第一位的员工，才能尽职尽责，好好工作，为企业创造更大的利润。一个优秀的员工，一定会把团队利益放在第一位。

衡量一个企业是否有竞争力，关键是要找出企业内部的决定因素。而这个决定因素实际上就是企业是否有团队精神，企业的员工是否具有团队意识。

苹果电脑公司创办初期，乔布斯既是负责人，又是工程师、设计员、工人、推销员。公司只有他和朋友瓦兹民雅克两个小青年，工作人员显然太少了。而且，他们对于做生意毕竟还不熟悉。乔布斯立即想到，要想使公司有大发展，必须广集人才，而目前迫切需要的是会做生意的人才。他想起自己推销第一批产品时认识的麦库拉。

麦库拉当时在仙孩半导体公司供职，是一位经验老到的推销能手。乔布斯怀着"三顾茅庐"的热情，再三邀请麦库拉入伙。麦库拉看到这位年轻人很有创新精神，终于答应了乔布斯的请求，并且拿出25万美元做投资，成了苹果电脑公司的一个股东。

接着，他们几经研究、试验，对原有产品重新进行设计，制造出了一种体积小、价格低、适合于个人和家庭使用的电脑，命名为“苹果二型”。这种电脑一上市，顿时声名鹊起，该公司不起眼的标志——一个被咬掉一大口的红苹果，顿时红透了半边天。乔布斯迅速扩大规模，大量增加生产，公司的员工到 20 世纪 80 年代初，已由最初的 3 人发展到 3200 多人。

无数的个人精神，凝聚成一种团队精神，这家企业才能兴旺发达，基业常青。

曾担任通用电气公司董事长的琼斯先生说：“日本这个国家是在‘团结一致’上发展起来的。虽然同行之间也有竞争，但是日本企业界仍然共同努力以获得人民的接纳和支持。”

日本企业领导人和员工都具有很强的集体意识，日本企业具有很强的凝聚力，这也是他们在国际市场竞争中屡屡击败对手的重要原因之一。

当你在一个企业或团队中工作时，这个企业或团队就已经和你的人生联系在一起了。团队的成功，就是你个人的成功；团队的失败，当然也就是你个人的失败。在一个成功的团队中，即使你不是英雄，你也是个成功者；在失败的团队中，即使你是一个万人瞩目的英雄，你也不是一个成功者。

团队思维是企业的灵魂。一个群体如果不能形成团队，就是一盘散沙；一个团队如果没有共同的价值观，就不会有统一的意志、统一的行动，当然就不会有战斗力；一个企业如果没有灵魂，就不会具有生命的活力。

一个企业中良好的团队精神会像冲锋的号角一样，激励员工勇往直前，奋力争先，不断战胜对手，取得最大的胜利！

◇最强的团队必然拥有最强的个体◇

西点著名将军丹尼尔·赖德将军说过："如果一味地依靠团队，那么等于没有团队。"一个最强的团队必然拥有最强的个体。

每一位士兵都足智多谋、骁勇善战，才能使团队更加强大，每一个士兵都要尽自己最大的努力为团队出谋划策，而不是依赖团队。

◇丹尼尔·赖德

优秀的团队绝不允许自己的队伍中有庸才，因此，要使自己的团队成为优秀团队，首先就要让自己优秀起来。

没有哪个组织能比军队更加强调队员自力更生的能力，也没有哪个组织比军队更加重视团队精神。

摩托罗拉作为世界上最大的通信、电子业跨国公司，在管理中特别强调人本位的管理理念。他们认为人才是公司最宝贵的财富和动力之源。为了最大限度地开发人力资本的效能，该公司十分注重员工素质的培养。

为了提高员工的整体素质，公司制定了详尽的人才培训计划，尤其重视中高层管理人才的培养。他们每年都选派600多名中国员工到其美国工厂参加技术会议、工程师设计会议，以及各种技术培训班，同时加速人才本土化进程，以尽快实现由中国人来管理公司。

除了加强教育和培训外，公司还支持和组织员工参加全国经济统计专业职称技术资格考试、职称外语考试、质量认证培训等，努力打造一支高素质的队伍。

对于如何具体提高员工的素质，美国的汤姆·彼得斯和南希·奥斯汀在合著的《赢得优势》一书中，列出了12条原则和方法，内容如下：

（1）定期开展由员工和公司领导共同参加学习的课程和讲座。

（2）积极鼓励员工登记入学，参加各种学校举办的继续教育课程，以及公司内部的培训课程，并确保不因离开本职工作学习而使学习者承受任何间接的惩罚或遭受损失。

（3）让员工定期参加一些他们通常不会参加的会议，如普通员工参加不熟悉的专业会议，会计师参加市场营销和开发业务会等等。让每个员工都能得到一些有关其他同事工作的第一手资料，这些做法有利于开阔他们的眼界和心胸，可以增强彼此间的互助协作精神。

（4）鼓励员工积极争取获得各种专业协会的成员资格。

（5）选择恰当的时间与地点，和员工一起进行游戏活动，以训练员工的思维力和观察能力，养成员工肯动脑的良好习惯。

（6）适当实行岗位轮换制度，即让员工定期到本职以外的部门或工作岗位上任职，不论长短，一定要保持真实性，也就是要求他们在任职期内创造出实际的工作成果。

（7）鼓励员工就自己的研究或工作项目在公司内外进行介绍或作报告，尤其是对公司内部的其他部门。

（8）邀请本公司其他部门的各级人员与自己部门员工聚会，进行沟通交流，请他们谈谈在哪些方面需要支持，在哪些方面需要合作，同时鼓励他们邀请自己的人去访问他们。

（9）鼓励员工到各种临时的跨部门专项工作小组去服务。

（10）邀请本公司其他部门或外公司，如用户公司或者供应商公司人员到你所在的部门工作一段时间。

（11）让员工实地观察与揣摩你怎样处理顾客批评、怎样举行正式报告会、怎样到下属部门视察工作等情况，用你的做法影响他们。

（12）定期派一些员工去参观某个行业展览。

员工是企业最重要的组成部分，对企业的生存与发展起着决定性的影响，因此每一个领导者都应努力提高员工的素质。

无论在公司的哪一层，团队都绝不是个体成员的避风港。要想让企业变得更大更强，必须让企业中的每一个员工都是最强最好的，这样的团队才是最强的团队。

◇目标一致才能建设高效团队◇

西点毕业生、著名的巴顿将军曾说："每一次军事行动都要有清晰、明确和现实可行的目标。"

西点军校在培养现代型的管理者时，其中一个主要的训练策略，就是"创造一个共同的敌人"，激励众人一起来打倒它。

战争的最终目的是消灭敌人的有生力量。为了达到这个目的，西点军校指挥官制订了一系列硬性目标，要求各级部队协同作战，共同完成这些任务。由于团队目标的一致，团队成员总是能高效地完成预期分配的任务。

共同的目标，是激发每一个成员努力的动机。管理者的挑战就是要设法激励团队的士气。如果成员对于最明显的目标不是非常认同，那么管理者也可以发明一个假想的目标，来振奋人心。

怀特尼曾说："有些人在解释为什么他们不能做他们想做的事时，可以找出千条万条理由，而他们只需要一条理由就可解释为什么他们能做。"

一个优秀的团队必须有一个明确的共同目标。太多的组织没有在员工中建立起一种共同的语言。很多员工盲目地执行着上司交给的任务，没有任何目标和计划，“像上次那样做吧”、“去干吧”，等等。因此，作为管理者应尽可能地避免这种情况的发生。

一个团队的共同目标就是要“赢”，所有成员都要认同这一共同目标，为了达成这个目标，所有成员都要遵循所设定的规章制度。同时也要让所有的成员都明确自己的任务，协调好成员之间的合作关系，这就是达到目标所遵循的方法。

作为一名优秀的员工，做事一定会有很强的目的性，绝对不会漫无目的、误打误撞。他们清楚自己到底想要什么，对于一个企业来说，要想获得成功，就必须让所有的员工重视每一步，并且专心致志地完成自己的任务，做出应有的绩效。

W·克莱门特·斯通说：“当你明确了自己任务的重要性时，你会感到这是对自己的一种需要，它使你感到兴奋并热切地希望马上开始工作。”团队共同一致的目标使人具有无限的力量。

为了完成任务，西点学员可以牺牲个人的目标，来配合其他队员实现团队的共同目标。这也是每一个员工必须具备的优秀品质。

管理者要能为团队制定共同的目标，鼓励员工共同分析问题、寻求解决之道。只有建立起开放的沟通管道，才能创造出和谐的工作环境，员工彼此之间才会乐于互相帮助，团结协作。

◇信任你的伙伴是团队精神的体现◇

西点军校第一任校长乔纳森·威廉斯说：“对团队伙伴的信任是团队赖以生存的条件，没有这种条件，团队就会完全萎靡不振。”

在西点军校，大家所信奉的是："我们这样团结起来可以创造一种集体观念的气氛。"学员们总是自觉地帮助学习较差的同学。如果某学员的车坏在路上，毫无疑问，他们的伙伴一定会伸出援助之手，不管认识还是不认识。这是一种基本素养，是西点军校长时间形成的习惯。

缺乏信任的团队是可怕的。在西点，训练有素的学员总是充分信任自己的伙伴，他们知道，只有信任才能保证团队最强大的战斗力。

在一个企业中，也需要员工和员工之间、员工和上司之间的信任。信任在任何组织中都扮演着关键的角色。对一个长期运作的组织来说，最关键的就是需要的时候能改变自己，保持竞争力。每一次改变都会遭到质疑，而信任则是让员工能够忍受变化带来的不确定性、困惑和痛苦的唯一方法。

没有信任就没有合作，没有合作就没有团队精神，没有团队精神就意味着这个利益共同体迟早要被淘汰。所以，要想成为一名成长在优秀团队中的优秀员工，首先要懂得信任你的合作伙伴。

第三章

充满激情

西点戴维·格立森将军说：“要想获得这个世界上的最大奖赏，你必须拥有过去最伟大的开拓者所拥有的将梦想全部转化为价值的献身热情，以此来发展和展示自己的才能。”

军规九　努力做到最好

在西点的训练中，有很多都是充斥着危险和严酷的，而这些训练，锻造了西点军人刚毅的性格和不屈不挠的精神。任何一家想在竞争中取胜的公司都必须设法先使每个员工做到最好。没有做到最好的员工就无法给顾客提供高质量的服务，也难以生产出高质量的产品。

◇永远不要说做得够好了◇

西点 87 届毕业生、Free Markets 公司高级副总裁戴夫·麦考梅克说："西点军校是最能打消傲气的地方。我来自一个小镇，在那里，我是优等生，而且还是一个运动队的头。我来到西点后发现，我的同学中 60%是运动队的头，20%是所在中学的尖子。今天你还是一个地方明星，明天你就只是数千强者中微不足道的一个。"

西点前教务官斯努克在一次新学员开学典礼上说："为什么我们让

这些孩子经受4年斯巴达式的教育？他们住在冷冰冰的兵营里，上午9点30分之前不能往垃圾桶里倒垃圾，水池必须始终保持干净、不堵塞。受制于如此多的规定和规则，为什么？”

他继续说道：“因为一旦毕业，你将被要求全无私心。在军队的这么多时间内，你将要吃苦，将在圣诞节远离家庭，将在水泥地上睡觉。这份工作有许许多多的东西让你把自我利益放在次要地位，因此，必须习惯这样。”

进步在很大程度上就意味着牺牲，社会就是这样，很残酷也很公平，上帝永远不会平白无故地给你太多的东西。

“世界汽车中可称为贵族的，唯有劳斯莱斯。”堪称完美的劳斯莱斯成为英国王室专用车已有数十年历史，沙特国王、日本王子都对劳斯莱斯情有独钟。

◇亨利·莱斯

劳斯莱斯的创始人亨利·莱斯生于1863年，十几岁时就在一家铁路公司做学徒工，19岁时他在一家电气公司当上了工程师。他对任何事都精益求精、追求完美，他常说：“小事产生完美，但完美却绝非小事。”

1903年莱斯为自己买了第二辆Cedarville轿车。但这辆车经常出故障，让莱斯非常失望，他发誓要自己设计出一辆2缸发动机汽车。1904年，第一辆完全由莱斯自己设计制造的汽车驶出了他自己工厂的大门。

劳斯莱斯高贵的品质来自于它质量的完美。亨利·莱斯曾说：“车的价格会被人忘记，而车的质量却长久存在。”

劳斯莱斯秉承了英国传统的造车艺术：精练、恒久、巨细无遗。令人难以置信的是，自1904年到现在，超过百分之六十的劳斯莱斯仍然性能良好。

劳斯莱斯最与众不同之处就在于它大量使用了手工劳动，一直到今天，它的发动机还完全是用手工制造。更令人称奇的是，劳斯莱斯车头散热器的格栅完全是由熟练工人用手和眼来完成的，不用任何丈量的工具。

每辆劳斯莱斯车头上的吉祥物——带翅膀的欢乐女神，更是劳斯莱斯追求完美的一个绝好的例证。它采用传统的蜡模工艺，完全用手工倒模压制成型，然后再经过至少8遍的手工打磨，再将打磨好的神像置于一个装有混合打磨物质的机器里研磨64分钟，做好的女神像还要经过严格的检验。

西点把重压变为动力，在重压下取得成绩。学员必须面对让人心惊胆战的大量功课、运动和军事活动。在实践上，学员学会了排定优先次序。不仅如此，他们渐渐明白，在混乱之中，他们惟一能控制的是他们自己。

西点军官乔·巴格里奥说：“一开始就必须明白，你站在管理岗位上并不是因为你更聪明或更好。一旦你认为你什么都懂，你就完蛋了。”

公司中，员工来自各个地方、各个民族，他们有着不同的学历和资历，但是要为了一个共同的目标——公司的赢利，这要淡化每个人的个性，组成一个融合的整体。

卓越的管理者从不闭塞自己的言听之路。但在发号施令的时候也有绝对的权威。在公司中，切不可忽视员工的力量，因为每个人的眼光、思路、观点不同，可以从各个侧面对公司的管理进行把关。

任何一家想在竞争中取胜的公司都必须设法先使每个员工做到最好。

没有做到最好的员工就无法给顾客提供高质量的服务，也难以生产出高质量的产品。

无论客户、上司还是老板，真正存心挑剔的时候并不多，他们提出的要求，都是迫于某种需要。客户担心产品出问题，上司怕工作质量影响业绩，老板则更是迫于市场的巨大压力才严格要求，因为他从来都无法对市场说："我已经做得够好了，你降低要求吧。"市场是无情的，有时可能只比竞争对手稍逊一点点，就被淘汰出局了。

随着经济的发展、公司规模的扩大和公司数量的增多，以及竞争的日益加强，社会上存在着的风险和不稳定因素也随之增多。上到公司的管理者下到公司员工，都承担着巨大的工作压力。

每个员工不再像以前那样只做机械的事情，而把所有需要思考的东西都交给上司。每个员工都应当承担责任和风险。面对风险，有上进心的员工会表现出他负责的一面。

◇要么成为强者，要么被淘汰◇

西点文化是一种残忍而又公正的文化，学员们尤其了解自己在组织中所处的等级。

军官们就像一个会行走的个人成功标志牌，他们的袖口佩带有袖条，每一杠表明4年的服役期；他们的肩上佩有肩章，表明他们在那一时期晋升到的级别。

在合理的时间范围内，西点学员应力求晋升。西点曾经向新学员提出挑战："你们具备少数令人骄傲的军官所具有的素质和能力吗？"在西点不存在平级调动。他们要么晋升要么出局，留下来的全都是成功的、积极进取的学员。他们尽自己最大努力争取优异的表现。

公司管理者必须具有严明的升降制度。对能力强、表现出色的员工委以重任，并提供相应薪酬；而对能力差、整天得过且过的员工决不姑息，或者明白告诉他利害，或者降薪直至开除。奖罚不明，则打击员工积极性，这是管理大忌。残酷也是一种公平。

在公司中，员工的职业道路通常不是垂直的，而更像是一个家谱，以致公司里会出现一些匆忙设置并且根本解释不清的职位。尽管老资格确实是一件好事，但是员工会在公司工作多长时间是一种追求，而不是一种裁决。

如果企业的员工满足于现状，满足于眼前的成绩，企业失去了青春的活力，变得步履蹒跚，那么迟早会被历史所淘汰。联想集团裁员事件，引起一系列的轰动效应。有的人不理解联想这一举动，深刻思考一下，这样的选择是非常正常的选择。

在 IBM，每一个员工工资的涨幅，正以一个关键的参考指标为依据，这个指标就是个人业务承诺计划。只要是 IBM 的员工，就要有个人业务承诺计划。制订承诺计划是一个互动的过程，员工和下属经理坐下来共同商讨这个计划怎么做更切合实际，几经修改，达成共识。

当员工在计划书上签下自己的名字时，其实已经和公司立下了一个一年期的军令状。上司非常清楚员工一年的工作，员工对自己一年的目标也非常明白。到了年终，经理会在员工的军令状上打分，这一评价对以后的晋升和加薪有很大的影响。这个计划是面向所有人的。

在这个以绩效为竞争目标的时代，没有能力改善公司的业绩，或者不能出色地完成本职工作的员工，是没有资格要求企业给予回馈的。

如果每一个细胞、每一个个体都不具有竞争力，那这个企业会有竞争力去抗争吗？联想员工必须适应丛林生存法则——优胜劣汰。

从员工个人生存的角度而言，就要求每个人都必须保持高度的危机意识，以随时应对突如其来的变化。在生存意识的认知上，狼比人要强烈得多，因为它们面临的危机比人类要严重得多。

卓越的管理者从不闭塞别人的言路，也不忽视员工的力量。公司要有赏罚分明的升降制度，从而要求员工不断地自我提高：能者上，庸者下，要么晋升，要么出局。

公司蓬勃发展，要求员工跟上其发展步伐。受到公司鼓励和要求不断进步的员工，或者是想在现在的工作岗位上承担更多职责的员工，他们是公司政策的受益者。

经济生活本身鼓励适者生存，让公司成为躲避市场竞争的庇护伞是非常荒唐的。如果公司试图变成员工的家，那它就不可能生存下去。公司必须创建一个残酷而又公平的环境。所有的员工都要提高专业技能。

随着科技的日新月异，社会的迅猛发展，公司中的每个员工都不要让自己的思维停滞。公司需要的是能够与时俱进的学习型、发展型员工。公司的整体素质体现在每一个员工的素质上。想生存，就必须进步，具有进取心的员工才是最有发展前途的人。

◇抓住最有利的时机◇

西点军校前校长弗雷德·W·斯莱登曾说过：“在人生的战场上，幸运总是光临那些能够努力奋斗抢占先机的人。”

在西点军校，每个学员都知道，速度是作战的关键因素，也是各种战略战术成功实现的根本保证。历史一次次地证明，在许多战争中，能够获胜的真正原因，或许往往就是比敌人仅仅早达到目的地几分钟而已。但是这几分钟是决定胜负的关键时刻。

无论做什么事情，速度问题不解决，是绝对不会成功的。因此，抓住最有利的时机，在第一时间将事情办好，是西点人交给我们的战斗法则。

一位西点教员曾经说："我们不需比敌人快很多，也许只需一分钟。但是，早一分钟，我们就具有了优势。"这就是西点所倡导的速度法则。速度法则不仅仅强调效率，更强调机遇。机遇是可遇不可求的，是最宝贵的资源。抓住了机遇，就能取得胜利；错过了机遇，失败就在所难免。要抓住机遇，就要保证速度，机遇也是在速度中产生的。

在市场竞争激烈的今天，有些机遇可遇不可求，它们稍纵即逝，能够抓住它们，你就会在商业竞争中抢得先机，甚至会直接导致你获胜。

要想立于不败之地，成为最卓越的员工，就更加需要奉行西点军校的时间法则和理念。成功的人，其成功之处，就在于他能在抬手处把握住人生的机遇、时代的脉搏。

机遇常在，平凡者对之视而不见。因而，机遇只垂青于那些有眼光，而又有冒险精神，能勇于直面危险的人。

机会对每个人都是均等的，就看你能否不失时机地抓住它；机会又是人为的，勇往直前与老成持重同等重要，就看你是否比别人多点眼光，多点魄力。重要的不是观望，而是行动起来。

商界竞争能否取胜，关键是能否掌握市场信息。其实信息随时都会产生，但是，一般人常常抓不住有价值的信息，只是因为缺乏一种洞察信息价值的眼光。

要想成为卓越的职场人士，就必须向西点学习，将事情总是在第一时间做好，为老板摆平所有的难题，千万不要愚蠢地把昨天就能完成的任务拖到明天。

西点学员在无数次残酷的竞争中逐渐明白了一个道理——"快鱼吃慢鱼"，这句话在职场上也非常适用。职场人士要想成功，关键在于做事和战胜困境的效率。

困难的工作是每个员工公平竞争、表现自我的最好参照物，大家的机会是均等的，人人都可以提升，关键是看谁能创造业绩，谁能以最快的速度克服困难，谁能以最快的速度完成任务。

美国企业家亚默尔公司的创始人菲利浦·亚默尔就是因为具有惊人的敏锐目光，能够抓住重要的信息，而获得了成功。

美国南北战争快要结束时，市面上的猪肉价格十分昂贵。亚默尔深知，这都是战争造成的，一旦战争结束，肉价就会猛跌。

亚默尔有读报的习惯。一天，他拿起一份当天的报纸，看到一则极普通的新闻报道：一个神父在李将军的管区遇到一群儿童，他们是李将军下属军官的孩子。孩子们抱怨说："我们已有好些天没有吃到面包了，父亲带回来的马肉很难下咽。"亚默尔立即得出如下判断：李将军已到了宰杀战马充饥的境地，战争不会再打下去了。

亚默尔立即与当地销售商签订了以较低的价格售出一批猪肉的销售合同。条件是，付货时间推迟几天。果然，战争迅速结束了，猪肉的价格暴跌，亚默尔从这笔交易中轻松地赚了100万美元。

1875年春天的一个周末，亚默尔同夫人商量好外出郊游，突然报纸上一则看来并不重要的消息引起了他的注意。消息报道了墨西哥的一种牲畜病例，而那种病好像是由一种瘟疫引起的。

当时，亚默尔已开始经营肉类生意。他的目光停留在那条消息上，脑子飞快地转动着。他想，要是墨西哥真的发生了家畜瘟疫，美国邻近的两个州——加利福尼亚州和得克萨斯州势必将受到传染。而这两个州是美国肉类食品的供应中心，一旦发生瘟疫，整个美国的肉类供应必将严重短缺。经过一番盘算，他一把抓起电话，拨通了家庭医生的号码，问对方想不想去墨西哥做一次旅行。这个突如其来的建议使医生丈二和尚摸不着头脑，不知如何回答是好。但亚默尔不容医生多想，便请医生放下手头的一切，立即赶到他郊外野餐的地点当面商量。

医生赶到郊外，亚默尔已经游兴索然，他的整个身心早已被大生意占据了。他请医生立即赶到墨西哥去，实地查明一下那里是不是真的发生了瘟疫。医生第二天到了那里，迅速把所了解的情况告知了亚默尔，证实了他根据报纸的消息作出的判断准确无误。

亚默尔掌握了这一情报后，便迅速行动起来，他集中了全部能够动用的资金在加利福尼亚州和得克萨斯州抢购了大批肉牛和生猪，把它们运到美国东部。

不久瘟疫在加利福尼亚州和得克萨斯州传播开来，美国政府严厉禁止这两个州的一切肉类食品外运，市场上肉类食品紧缺，价格猛涨。而备货充足的亚默尔在短短几个月之内，就赚了600万美元。

可亚默尔不无遗憾地说："我本想让医生立即动身去墨西哥，他延误一天使我丢掉了100万美元。"

无论在西点军校，还是在当今职场，只有前进、再前进，只有迅速、再迅速，把所有困难都解决在昨天，你才能获得永远胜利的明天。

许多人之所以失败只是因为未能竭尽所能去尝试，而这些努力正是成功的必备条件。克服困难的一个步骤是真正学会思考、认真积极地思考。任何失败、任何问题均能通过积极思考来解决。思考可以让你静下心来沉着应对困难，思考还可以让你绝处逢生。

摩根诞生于美国康涅狄格州哈特福的一个富商家庭。摩根家族公元1600年前后从英格兰迁往美洲大陆。最初，摩根的祖父约瑟夫·摩根开了一家小小的咖啡馆，积累了一定资金后，又开了一家大旅馆，既炒股票，又参与保险业。从发家时起，摩根家族靠的就是在风险中投机的能力。一次，纽约发生大火，损失惨重，保险投资者惊惶失措，纷纷要求放弃自己的股份以求不再负担火灾保险费。约瑟夫横下心买下了全部股份，然后，他把投保手续费大大提高。他还申请了纽约大火赔偿金，于是信誉倍增，尽管他增加了投保手续费，投保者还是纷至沓来。这次火灾，反使约瑟夫净赚了 15 万美金。就是这些钱，奠定了摩根家族的基业。摩根的父亲吉诺斯·S·摩根则以开菜店起家，后来他与银行家皮鲍狄合伙，专门经营债券和股票生意。

生活在传统的商人家族，在特殊的家庭氛围中接受着商业熏陶，摩根年轻时便敢想敢做，颇富商业冒险和投机精神。1857 年，摩根从德国哥廷根大学毕业，进入邓肯商行工作。一次，他去古巴哈瓦那为商行采购鱼虾等海鲜，回来时途经新奥尔良码头时，下船在码头一带兜风，突然有一位陌生白人从后面拍了拍他的肩膀："先生，想买咖啡吗？我可以半价出售。"

"半价？什么咖啡？"摩根疑惑地盯着陌生人。

陌生人马上自我介绍说："我是一艘巴西货船船长，为一位美国商人运来一船咖啡，可是货到了，那位美国商人却已经破产了。这船咖啡只好在此抛锚，先生，您如果买下，等于帮我一个大忙，我情愿半价出售。但有一条，必须现金交易。先生，我是看您像个生意人，才找您谈的。"

摩根跟着巴西船长一道看了咖啡，成色还不错，而且价钱如此便宜，摩根便毫不犹豫地决定以邓肯商行的名义买下这船咖啡。然后，他兴致勃勃地给邓肯发出电报，邓肯的回电是："不准擅用公司名义！立即撤销交易！"

摩根勃然大怒，不过他也觉得自己太冒险了，邓肯商行毕竟不是他摩根家的。自此摩根便产生了一种强烈的愿望，那就是开自己的公司，做自己想做的生意。

摩根无奈之下，只好求助于在伦敦的父亲。吉诺斯回电同意他用伦敦公司的户头偿还他在邓肯商行的欠款。摩根大为振奋，索性放手大干一番，在巴西船长的引荐之下，他又买下了其他船上的咖啡。

摩根初出茅庐，做下如此一桩大买卖，不能不说是冒险。但上帝偏偏对他情有独钟，就在他买下这批咖啡不久，巴西便出现了严寒天气，一下子使咖啡大为减产。这样，咖啡价格大涨，摩根便顺风迎时地大赚了一笔。

从咖啡交易中，吉诺斯认识到自己的儿子是个人才，便出了大部分资金为儿子办起摩根商行，供他施展经商的才能。摩根商行就设在美国华尔街纽约证券交易所对面的一幢大楼里。

机遇常常有，却往往蕴藏在风险或困境的风雨中，就看你有没有勇气去挑战风险和困境，抓住机遇。只有敢冒风险、勇于克服困难的人才有机会获得成功。

◇坚持争做第一◇

在西点，教员们运用科学的激励机制，配合正确的训练方法，调试学员最佳的心态，来完成最富绩效的任务。这个时候，激励就变得更加重要了。

许多学员正是在激励机制的引导和帮助下，最终战胜了自己，赢得了信心，完成了一个又一个艰难的任务，这不能不说是激励创造的奇迹，是生存激发了他们的斗志，使他们在长期的选择中逐渐变成了强者。西点军人在激励机制的引导和帮助下，为了争取第一而不断拼搏，最终完成了一项又一项艰巨的任务。

所谓员工激励，就是说公司管理者在员工管理过程中，采用激励的理论和方法，对员工的各种需要予以不同程度的满足或限制，以此引起他们心理状况的变化，达到激发动机、引起行为的目的，使员工的每一种内在动力，都朝着所期望的组织目标作出持久努力，再通过正反两方面的强化，对行为加以控制和调节。

人类却常常因为无法得到其个人之所欲，而恶意破坏其所属的组织、团体、公司。公司并不需要全部员工都成为管理人才，一味将升职作为奖励手段，其结果一定是弄巧成拙。

在公司中，员工的行为来源于员工的动机，而员工的动机又产生于员工的需要。需要是员工的一种必不可少的主观心理状态，是生活与实践中各种相关事物在人们头脑中的具体反映。

动机是对需要的满足程度，是由需要引发的内在动力。而行为是员工在动机支配下的外在表现，如果说行为的产生靠激发内在动机的话，那么行为的保持和巩固，就需要借助于强化。没有强化，一种行为很难持续到底。

在西点军校中，不乏生来就有攻击性和竞争性的人，他们会想尽一切办法去完成那些看似不可能完成的任务，而获得荣誉；当然也有一些人生来安于现状，但是通过科学的激励机制的作用，他们依然能够成为出色的军人。

很多人抱怨为什么自己不是出生在一个亿万富翁的家庭，为什么自己的父母不是位高权重的政要。

上苍对所有的生命都是平等的，没有任何偏袒。人无法改变自己的出生，却可以改变自己的命运。与其抱怨，不如学习，拥有进取精神。事业上的成功者，大都是掌握自我激励的人。一旦掌握自我激励，自我塑造的过程也就随即开始。

西点也是一个重塑人生的地方，每一名军人走进西点的大门，也就意味着他的人生将翻开新的一页。每个人都要像西点军人一样，迈出自我塑造的第一步，拥有一个为之奋斗的目标。远景必须即刻着手建立，而不要往后拖。

世上最秘而不宣的秘密是，战胜恐惧后迎来的是某种安全有益的东西。哪怕克服的是小小的恐惧，也会增强对创造自己生活能力的信心。

◇拿破仑

在西点的训练中，有很多都是充斥着危险和残酷的，而这些训练，锻造了西点军人刚毅的性格和不屈不挠的精神品质，这是因为危机能够使我们竭尽全力。当然，我们不能坐等危机或悲剧的到来，从内心挑战自我是生命力量的源泉。

竞争给了学员们许多宝贵的经验，无论他多么出色，总会人外有人，所以在这里需要学会谦虚。不管在哪里，都要参与竞争，而且也应该像他们一样谦逊，并且总是满怀快乐的心情。要明白最终超越别人远没有超越自己更重要。

拿破仑说过："所有战斗的胜负首先在自我的心里见分晓。"不要消极接受别人的拒绝，而要积极面对。应该让这种拒绝发挥更大的创造力。

凡是公司中卓越的管理者不仅善于自我激励，更善于激励他人。积极勇敢地面对竞争，不断奋发图强，这样才能在工作中有所突破，成就自己的一片事业。要激励自己永不满足于工作中现有的成绩，奋力开拓，创造一个美好的未来。

◇效率是成功第一要素◇

西点毕业生卡特·布赖恩说："工作中最重要的是提高效率。"效率，是西点军校对其学员的要求。它要求所有的学员从进校的那天起，就应该时时刻刻讲求效率。

工作中讲求效率也是一种工作态度。效率是员工必须注意的问题。作为一名员工，要合理安排进度，有步骤地工作。一个好员工正是一个不管做什么事，都能保证高效率的人。

比尔·盖茨曾说："效率是成功的第一要素。"无数事例证明，在这个日新月异的社会，只有那些跟得上时代脉搏、有着极高效率的人才能获得成功。相反，那些整天得过且过的人只能暗自羡慕上天对他人的眷顾了。

1996年春，松下、夏普等世界品牌纷纷拉开阵势。格兰仕空前紧张，他们的"全国第一"只是微弱领先，而论实力，随便哪个世界品牌对他们来讲都是巨无霸。

格兰仕作出一个惊人决定：将格兰仕主导产品平均降价40%。

随后，格兰仕以军队式的行动速度，第二天一大早业务部门人员便全体奔赴前线，第一项工作：盘点、退款，一分不少，在当时整个家电业实为罕见。

从盘点、说服商家、发货、商场布置到广告刊发，总共只用了一周时间。广告一刊出，果然在北京引起震动。其他城市同步推进，短短一个星期，狂飙突进式的大降价在全国引爆。

上海第一百货商场的家电部在地下一层，抢购者从地下一层排到公共汽车站，最高记录一天销售5000台。

那段时间，各地媒体也如同吃了兴奋剂，纷纷聚焦格兰仕，称之为"格兰仕风暴"；经济管理专家、商学院的学生们也把目光转向格兰仕，热烈讨论"格兰仕现象"。

格兰仕人深知，中国制造与跨国公司同台竞技，关键不是低成本、低工资的比较优势，而是拼生产效率、管理效率、技术创新的真功夫。近年来，格兰仕微波炉每年的产销量是2000多万台，平均每人1天生产

3台，而竞争对手每人3天生产1台，生产效率只是格兰的1/9。

格兰仕还在微波炉总装车间开展“站起来，提效率”活动，生产线员工全部站立式作业，撤掉所有组长的办公桌和会议室，各级基层管理人员走出办公室，深入基层。同时，车间对所有的生产线进行重新部署，平均日生产效率提高了约25%。

在生产效率提高的同时，格兰仕的人性化也体现了出来。生产线的工人弯腰取件，弯一次腰不觉得累，但如果一天弯上千次腰，工人就会觉得疲劳从而影响效率。为此，格兰仕请来熟悉丰田生产模式的专家，从人体工程学上入手，分解和优化每一个工序。经过优化后的工序，对生产线进行了小小的改动，大大提高了生产效率。

在信息时代，互联网和人际网络正在成为人们工作中必不可少的重要资源。善于利用互联网和人际网络实现工作网络化的人，不仅可以提高工作效率，而且还能够把工作做得更出色。

很多公司都在努力为员工营造网络化的工作环境。在《商业周刊》杂志中，刊登了由该杂志评选出的美国50家最能充分利用互联网资源的公司及政府部门机构。它们都是一些知名的企业，如亚马逊网站、思科公司、戴尔公司、通用电气（GE）、通用汽车（GM）、IBM、耐克、宝洁、沃尔玛等。这些公司通过对互联网资源的充分利用或提高了生产效率，或压缩了运营开支，或加强了与客户的关系。

效率是衡量一个员工工作能力的主要标准，也是企业发展最重要的因素之一。

想要有效率地工作，合理安排时间是一项绝对必要的措施，它是一种非常重要并有助你成功的活动。为了达到有意义的目标和成为有效率的工作者，必须优先把时间用在有意义的活动上，而取代许多无意义的或次要的活动。

如果你想比别人更成功，只有一个办法——高效地工作。所谓高效就是不仅要快，而且要有效。调动起你全身的每一个细胞，创造出业绩，这样才能获得最大的回报。

1908年福特公司推出一种新型T型车。这是福特公司成立以来最为成功的一款车型。1912年秋天，福特汽车公司聚集所有相关人员召开了一个意义重大的董事会，会议讨论的核心议题就是：如何提高生产效率，解决市场需求问题。一味地扩大厂房面积、增添机器设备、招聘新的员工实在不是长久之计，为了解决当务之急，把T型车的年产量提高上去，福特注视着在座的每一个人——库兹恩斯、威利斯、曾经为福特建立起新车试验室的丹麦人查尔斯·索伦森、福特不惜重金在布法罗的凯恩轧钢厂挖来的丹麦籍工程师威廉·努森。

“我和努森建议安装生产流水线，我们俩商量过了。”潇洒、相貌英俊的索伦森对福特说。

“是的，为此我们已经考虑了好久，咱们也效仿一下几年前泰勒先生的做法吧！”努森接着索伦森的话说。随后便把他们的详细计划向在座的每位董事讲解了一遍，其原理就是按照管理大师弗利德里克·泰勒的理论，也就是著名的“泰勒制”。

泰勒是底特律著名学者、企业家和管理专家，自从19世纪80年代起，就开始研究管理的方法和理论，并做了许多实验。他根据在试验中收集到的材料和数据，在《科学管理研究》一书中详细地阐述了流水线的工作原理。

对于泰勒流水线的说法和泰勒的大名，在座的许多人都听说过，但也随声附和着。最后，提议通过了，世界上第一条流水线就这样产生并运用到生产实践中了。

生产实践证明了流水线的作用，工作效率和产品质量都有显著的提高。到这一年夏天，福特汽车公司所有工厂车间都安装了自动生产流水线。生产过程中的一些环节也重新做了调整，工人之间的分工更细致，产品的质量和产量都有了大幅度的提高。川流不息的传送带把整个工厂联系在一起。一辆车需要 22 小时 18 分钟的时代已经过去了，取而代之的是 93 分钟一辆车，生产率提高了十多倍。T 型车的产量直线上升，解决了市场需求问题。1914 年生产速度又提高了许多，几乎 24 秒钟就出厂一辆，年产量高达 73 万辆，生产再次实现了翻番的目的，工人数量也大大减少。

生产流水线在福特公司的作用，说明了手工与机械的差别和以机械代替手工的重大意义，这是经济发展下的必然产物。

有效地管理时间可以大大提高工作效率，只有有效地管理自己的时间才能有效地提高自己的绩效。接到任务时，如果手头没有其他需要去做的事项，应该立即着手进行此项工作，尽量争取在约定时间前完成，多给自己留一些弹性空间。在规定的时间里完成相应的工作是将任务与时间相结合的最佳方式。

许多员工确实试图延长他们的工作时间，以获得老板的欣赏，但那是没有益处的。工作不是固体，它像是一种气体，会自动膨胀，并填满多余的空间。

人们把越来越多的工作塞进同一个时间容器，从而使自己处于极度紧张的压力之下，直到最后，压力过大而导致容器爆炸。

效率是员工必须考虑的重要问题，因为一个没有效率的员工，一定不会产生效益，没有效益，也就失去了老板的重视。

军规十　敢于冒险

西点军校崇尚“理性的勇敢”，即负责任的勇敢，而不是单纯的血气冲动。有志于在公司有所作为的员工必须要有冒险精神才能发掘自身潜能。要想出人头地，首先就要肯定自己。公司决策者更需要坚定的信念，在困难面前决不退缩，要坚持到最后，直到胜利。

◇面对危险要迎难而上◇

毕业于西点军校的威廉·埃勒里·查宁说：“有时，胆子放大一点、敢作敢为最聪明。”

西点52届毕业生美国军火大亨杜邦公司创始人亨利·杜邦说：“危险是什么？危险就是让弱者逃跑的噩梦，危险也是让勇者前进的号角。对于军人来说，冒险是一种最大的美德。”

西点军校每年都要对新学员重复这句忠告：“接受困难，勇于冒险。”冒险就是西点军人克服困难时的品质。

西点学员都要参与危险运动。运动竞赛也是必修课，而且学员至少有一季要参加团队运动比赛，这些都是有可能受伤的剧烈运动。锻炼年轻士兵的体能，教给他们一项根本的管理技巧——勇敢地面对危险。

现代社会环境多变，市场的激烈竞争增大了公司管理者决策的风险性。风险是客观存在的，一般说来，决策可能得到的效益与决策所冒的风险是成正比的。在决策时，要对效益和风险这两者做认真、仔细的权衡。企图回避风险，只能使风险更大。

敢于冒险并不是盲目的蛮干，而是在仔细斟酌之后的行动。西点学员坚持的理念是：在一生中，在某些时候必须采取重大的和勇敢的行动，但这只是在仔细考虑这次行动成功的可能之后才把胆子放大而采取的行动。

作为公司的管理者，只要估计风险是在主客观条件可以承受的范围内，为了获得较大的经营效益，就应该勇于冒险决策。

与其平庸地过一生，不如做一个敢于冒险的英雄。一个有志于在公司中有所作为的员工必须有冒险精神，如果惧怕失败，不冒风险，就会平平庸庸地过一辈子。或许本来可以摘取的成功之果却被放弃了。

了解自己同其他员工可能习性相同，只要有敢拼敢打的冒险劲头，只要有相同的成功机遇，就完全可以一决高下。许多员工常常犹豫不决，使他们的信心得不到升华。他们生性谨慎，总是推迟重大的决定。

很多人不敢冒险，缺乏胆量，只求稳妥，所以最终一事无成。要有敢作敢为、敢于冒险的精神，相信自己一定能行。

◇不敢冒险实际是消极冒险◇

对于一个西点军人来说，冒险精神是必不可少的。西点的冒险精神首先要求的是勇敢精神而不是盲目冒险；其次要善于控制忧虑和恐惧，而不是为其所控制。

“我们相信，没有冒险精神，永远都不可能成为一名合格的军人。”这句话在西点军校也得到了充分的验证，西点军校的许多训练项目就是为了训练学员们的胆量和毅力，如果没有冒险精神，就不可能通过这些训练，也就不能成为一名优秀的军人。

英特尔公司的企业文化即6个价值观，在公司历史上一直扮演着很重要的角色。它包括“以结果为导向”、“注重质量”、“以客户为导向”、“鼓励冒险”、“强调纪律”和“创造最佳的工作环境”。其中，“鼓励冒险”是公司文化很重要的一部分。

实际上，30多年前英特尔的几位创始人也是带着些许的赌气与冒险情绪创业的，敢于冒险、敢于创新的精神深深地烙在英特尔的企业文化中。

如果公司里没有人愿意去冒险，公司也很难有创新的动力。当员工愿意去冒险、去创新，敢于尝试不熟悉的事情时，英特尔就给员工这样的机会，容许员工犯错误。员工明白公司能接受他们可能不成功的结果，所以他们才敢于冒险。

除了及时大力表彰外，英特尔还会收集每个员工在冒险中做出的成绩和表现，作为评定和奖励的基础。

英特尔“鼓励冒险”，并不是指匹夫之勇，盲目冒险。英特尔所推崇的是充分评估后的冒险，即在接受挑战之前，能够掌握各种情报，了解种种变通之道与替代方案，增加对失败的控制力，英特尔称之为“可预期的风险”、“可衡量的冒险”。换句话说，英特尔的任何创意和新的解决方案都是在深刻了解市场、了解用户需求之后所提出的。

当冒险者得到理解和认同时，其冒险行为将得到整个团队的支持。所有团队成员和冒险者站在一起，这就是科学的冒险。

在现实生活中，很多人就是因为缺乏冒险精神而最终一事无成。人的一生就是一场冒险，走得最远的人是那些愿意去做、愿意去冒险的人。

战争具有很大的偶然性，更需要大胆和冒险，如果在战机出现时不敢冒险，可能就丧失了赢得战斗的良机，这便是西点教给学员的战斗理念。

有希望，就一定有失望的危险，冒险就有失败的可能。但是在困难面前，不敢冒险只求稳妥，就会白白错失良机。

想成为一名优秀的员工，也一定要有冒险精神，只有敢于冒险才能得到别人所得不到的。有志于在公司中有所作为的员工必须要有冒险精神才能发掘自身潜能。

比尔·盖茨说：“所谓机会，就是去尝试新的、没做过的事。可惜在微软神话下，许多人要做的，仅仅是去重复微软的一切。这些不敢创新、不敢冒险的人，要不了多久就会丧失竞争力，又哪来成功的机会呢？”

微软只喜欢具有冒险精神的员工。他们宁愿冒失败的危险选用一个敢于冒险、敢于尝试的员工，也不愿意录用一个畏首畏尾、毫无建树的员工。在微软，大家的共识是：去尝试机会，尽管失败了，总比不做任何的尝试和努力要好。

不敢冒险实质上是一种消极冒险，惧怕失败实质上是人生的真正失败。一帆风顺的人达不到创造的顶峰，他们的潜力也不可能真正发挥出来。美国铁路大王库思·洛布说：“从来不曾失败过的人，不是傻子，就是卑鄙的小人。”

每一次冒险后的失败，都是一次超越的机会，逃离失败，躲避冒险，就会把一个人的活力与成长力剥夺殆尽。所以，冒险和失败是超越自我的重要推动力。善待冒险行动中的种种失败，让冒险意识融入你的生命，你就会成为能创造奇迹的人。

商战变化莫测，风险无处不在，公司如果不敢冒险，也只能接受失败的命运；员工如果胆小怕事，就不可能获得成功。风险中肯定有困难，但困难中蕴藏着巨大机会的种子。

1921年的前苏联，经历了内战与灾荒，急需救援物资，特别是粮食。哈默本来可以拿着听诊器，坐在清洁的医院里，衣食无忧地安稳度过一生。但他厌恶那种安适的生活，他认为那些未被人们认识的地方，才是值得自己去冒险，去大干一番事业的战场。于是他做出一个大胆的抉择，踏上了被西方描绘成地狱的前苏联。

当时，由于前苏联被内战、外国军事干涉和封锁弄得经济萧条，人民生活十分困难。

正是在这种条件下，列宁领导的苏维埃政权采取了重大的决策——新经济政策，鼓励吸引外资，重建前苏联经济。

哈默在饱尝长途颠簸的艰辛和烦恼之后，终于乘火车到达前苏联。看到沿途霍乱、伤寒等传染病流行，城市和乡村到处有无人收殓的尸体，他被深深地震撼了。但商人精明的头脑告诉他：被灾荒困扰着的前苏联目前最急需的是粮食。而当年美国粮食大丰收，价格早已大幅度下跌，那些农民宁肯把粮食烧掉，也不愿以低价送到市场出售。另一方面，前苏联这里有毛皮、白金、绿宝石等，这些正是美国所需要的。

当哈默获悉前苏联需要大量的小麦时，他立刻向前苏联官员建议，从美国运来粮食换取前苏联的货物。双方很快达成协议，初战告捷。

这样就打开了哈默在前苏联的事业之门，后来，列宁给了他更大的特权，让他负责前苏联对美贸易的代理。从那时候起，哈默成为美国福特汽车公司、美国橡胶公司等几十家公司在前苏联的总代理。他在前苏联的生意越做越大，收益也越来越多。

冒险精神往往能使凡人做出非凡事业，胆怯和意志不坚定的人即便才干出众也难有所成。

在商业社会中，到处都充满了竞争，充满了挑战。一个企业，若想在波涛汹涌的商潮中自由穿梭，就非得有冒险的精神不可。现在甚至有人认为，成功的主要因素便是冒险，员工则必须学会正视冒险的意义，并把它当做不断提高的必要条件。

要想抓住成功的机会，就得冒一点风险，否则，就会丧失许多可能是人生重大转折的机会，最终一事无成。成功常常属于那些敢于抓住时机、敢于冒险的人，工作中没有万无一失的成功之路，无处不在的风险，随时都会出现在每个人的面前。

优秀的员工一定要有冒险精神，只有敢于冒险才能得到别人所得不到的。敢于冒险，不仅是西点军人的特征，也是成功人士和职场员工应该具有的基本素质，只有敢于冒险，才有成功的可能。

不断地去冒险、去创新，才能促进企业的发展，推动企业去适应社会，创造更为辉煌的成就。

◇永远站在最前面◇

西点军校著名教官约翰·科特上尉曾说：“勇敢面对挑战，并且大胆采取行动，然后坦诚地面对自己，检讨这项行动之所以成功或是失败的原因。你会从中吸取教训，然后继续向前迈进。”

恺撒说：“如果我是块泥土，那么我这块泥土，也要预备给勇士来践踏。”西点学员明白具有勇敢精神往往能使平凡的自己做出惊人的事业来。

在训练中，西点的学员们总是冲在最前面。虽然大家都知道，这是最危险的位置，但对西点学员来说，这是一个象征荣誉的位置。

对于具有奉献精神的西点学员来讲，军人是一项光荣的冒险职业。但学员们都知道，只要肯对问题采取积极的态度，问题就已经解决了一半。只要使出更大的心力，胜利就会提前到来。

勇敢精神往往能使平凡的自己做出惊人的事业来。胆怯的人即便有优良的天赋也终难成事。西点军人非常清楚，他们的成就，决不会超出他的勇敢所能达到的高度。在一个企业中，不敢接受挑战的员工，只能平平庸庸地过一辈子，永远也享受不到成功的喜悦。而敢于站在最前面接受挑战的人就能跟上时代的步伐，在大风大浪中成就自我。

如果员工在自己的工作中不敢挑战他人，永远只配做别人的下属；不敢挑战自我，就永远也没有变化，终究有一天会被淘汰出局。工作需要挑战，只有在挑战中，才能带来企业和个人的发展。

毕业于西点的威廉·B·富兰克林说过这样一句话："要求永远不犯错，正是什么也做不成的原因。"只有具有勇于接受挑战的精神，才能比想象的做得更多更好。在接受挑战的过程中，就能使自己平淡的生活变成充满激情的人生，从而不断增强一个人的自信。

在《哈得逊周刊》的成功箴言版里，史迪威将军这样说："我打了那么多次胜仗，其实说起来毫无秘密，因为我总能看到希望。"

很多员工总觉得，自己不过是一个平凡之辈。许多人本来有很多的机会，最后只能平平庸庸。原因就在于他们没有坚定的自信。胆怯和意志不坚定的人即便有出众的才干、优良的天赋、高尚的性格，也终难成就伟大的事业。

无论做什么事，勇于冒险，都是达到成功所必需的和最重要的因素。成功取决于坚定的自信心。相信能做成的事，就一定能够成功；反之，不相信能做成的事，那就决不会成功。

南北战争期间，一个士兵骑马给格兰特送信，由于马跑得速度太快，在到达目的地之前猛跌了一跤，那马就此一命呜呼。格兰特接到信之后，立刻写了封回信，交给那个士兵，吩咐士兵骑自己的马，迅速把回信送去。那个士兵看到那匹强壮的骏马，身上装饰得无比华丽，便对格兰特说："将军，我是一个平庸的士兵，实在不配骑这匹华美强壮的骏马。"格兰特将军回答道："世上没有一样东西，是美国士兵所不配享有的。"

在公司里，很多员工总是怀疑自己。这种员工，害怕面对失败。只要使自信心变得坚定，那么即使遇到挫折，也能不屈不挠，决不会因为一遇到困难就退缩。

西点那些成就伟大事业的卓越军人在开始做事之前，总是具有充分信任自己能力的坚强自信心，深信所从事的事业必能成功。思想决定行动，一个勇敢、自信、自尊的员工没有理由不成功。

◇在困难面前决不退缩◇

西点军校在对新学员开始训练时，会假想新学员中普遍存在恐惧心理。但军官不会交给他们克服恐惧的方法，而是想办法加大他们的焦虑，让他们表现出理性的回避。西点军校高度的临战状态培养了学员不畏惧困难的勇气。

亨利·福特在年轻的时候曾有过这样的一段经历：他从一所普通大学毕业后到处奔波求职，一次次的应聘失败并没有让他丧失信心。为了获得一间安静、宽敞的实验室，福特和妻子数移其居，吃尽了搬迁之苦。短短的几年，夫妇俩到底搬过多少次家连他们自己也说不清了。

每一次搬迁都带给他们新的收获，贫困和挫折不仅铸造了福特夫妇坚忍不拔的性格，而且使他们更加熟悉了社会。后来，福特终于实现了自己的心愿，爱迪生照明公司决定让他到主发电站负责修理蒸汽引擎的工作。不久，他又因为工作出色，被提升为主管工程师。

后来成为世界500强著名企业创始人的亨利·福特，在他的日记本上写着这样的话："一个优秀的员工应该具备这样的品质：面临打击和失败时他不会逃之夭夭，也不会撒手不管，他能够勇于面对公司的财务，勇于承担羞辱与失败。所有在乌云密布时还渴望自由翱翔的人都会很好地与公司的规章制度保持一致。"

一个优秀的员工，是一个沉着镇静、处变不惊的人，他总能以一种积极的态度去挑战未来，而不是找借口逃避工作。作为一个企业的领导和员工，同样也需要不畏困难的勇气，在困难面前不退缩、不气馁、不消沉，迎难而上。

有时候，困难总是与成功相伴而行，日本著名企业家本田宗一郎的本田公司也不例外。

一次，宗一郎与藤泽在办公室里研究如何摆脱公司所面临的产品滞销困境。藤泽唉声叹气地对宗一郎说："本田君，为什么原来畅销的'卡布F型'现在突然销量骤减呢?"宗一郎也不禁陷入了沉思："对啊，原来'卡布F型'在市场上处于供不应求的状态，可是现在为什么滞销了呢？是我们在决策上出了问题还是在其他方面出了差错?"

"以前我们采取的是先订后销，收到多少订单就产多少辆车，后来改为先生产后销售。在滨松工厂，不管市场上的供需状况盲目地生产，导致现在仓库里产品堆积如山。"藤泽回答说。宗一郎又问："那滞销的原因在何处？决策上我们固然有失误的地方，但如果产品质量好的话，怎么会无人购买？我的看法是机车自身还有不够完善的地方。"

藤泽拿起一份"卡布F型"的意见反馈书说："'卡布F型'的滞销是因为随着'卡布F型'引擎的性能提高到1.2马力后，摩托车的车身强度并没有随之改善，在安全方面出了问题。还有，同行厂家以我们为目标，纷纷做出新产品跟我们竞争。”宗一郎听后不以为然地说：“这些都是小问题，解决起来很容易。”

可是，一波未平一波又起，坏消息接二连三地传来：公司的镇家之宝“梦”号因质量问题遭到投诉。

结果，许多顾客对此不满，纷纷奚落起来：“说得好听！你这‘梦’也该清醒啦！”宗一郎把所有科研人员召集在一起彻夜分析问题所在。问题终于被找出来了，宗一郎立即让员工改进化油器。可是顾客们对他们新改进的产品已不再信任了，下令停止生产是唯一的选择。看到自己心爱的产品在仓库里堆积成山，宗一郎心疼不已。

一天，宗一郎和科研人员正在研究室里，研究如何改进“卡布 F 型”结构问题时，藤泽表情严肃地走了进来，说：“社长，我有要事要同你商量。”

◇本田宗一郎

看到藤泽脸上的表情，宗一郎意识到一定有大事发生，他放下手中的资料，与藤泽一同走进自己的办公室，招呼他坐下，然后说道：“藤泽你说吧，又带来了什么不好的消息？”藤泽语气沉重地说：“看来，‘珠诺号’也不得不停产了！”

一向乐观开朗的宗一郎面对巨大的欠款数额，神色不禁严峻起来，陷入了沉思之中。藤泽继续说：“如果我们要摆脱现在的困境，就必须请求三菱银行资助我们。”

资金问题解决了。可是麻烦接踵而至，工人们罢工，闹着要求增加工资、奖金。已经精疲力竭的宗一郎和藤泽又要去解决这个问题。宗一郎愤怒地说："不如开除几个，杀一儆百，以儆效尤。"冷静的藤泽急忙大声地说："千万别，处在这个节骨眼，一旦开除了几个工人，矛盾准会激化，后果不堪设想啊！"

性格直率的宗一郎认为藤泽思考问题远比自己周到，无奈地对他说："辛苦你了，老兄，罢工问题还得麻烦你。"藤泽只是默默地点头。他召开了工会全体会员大会，让员工们畅所欲言，最后，他站在讲台上态度诚恳地说道："大家聚在一起难道不是为了共同的理想吗？如果公司倒闭了，我们大家的理想都将成为泡影。请大家忍耐一下，社长一定会把公司重建起来。为了实现我们共同的理想，我这条命都可以交给各位。拜托大家齐心协力把本田拯救过来吧……"

场下一片热烈的掌声，全体员工被藤泽的肺腑之言深深地打动了。工会主席上台大声地说："同仁们，我们大家都非常明白藤泽先生的意思。公司兴衰大家都有责任，公司倒闭了咱们全都完蛋，公司复兴了咱们都可以获得利益。因此，工会决定，充分体谅公司的难处，跟随社长一同渡过难关。"全场再次响起热烈掌声，久久不能平息。

罢工问题解决了，宗一郎和藤泽大大松了一口气。只剩下产品质量和销售问题了。为了谋求解决问题的办法，他俩分工合作。

一天晚上，工厂里的人都走光了，只剩下宗一郎一个人，还在为"梦"型发动机汽化器的问题冥思苦想。妻子送来的饭菜早已凉了。他根本顾不上吃饭，一心放在"梦"型发动机的汽化器上……突然，一个念头在他的脑海里闪过，他心中豁然一亮，径直钻进设计实验车间，重组了汽化器，大约折腾了一个多钟头，才把汽化器安装好了，经过反复试验，确定可行。于是他决定把汽化器安装在"梦"型摩托车上，试验一次性成功。

宗一郎马上拨通了藤泽的电话，兴奋地说："藤泽老弟，成功啦，咱们成功啦……"

藤泽被宗一郎弄得一头雾水："什么成功了?"

"'梦'型发动机毛病被我找到了，并且我又研制出了功率更高的发动机汽化器……这太令我高兴啦!"

藤泽激动地说："本田兄，祝贺你取得成功!"心头一热，眼泪顺着脸庞流了下来。他深深地明白"梦"型发动机汽化器的研制成功，意味着公司的产品销路将大大打开，它可以拯救整个公司，对缓解当前所处的困境无疑会起到很大的作用。

正如藤泽所料，宗一郎这项研究成果再一次拯救了本田公司。

惧怕失败就会永远失败，只有想方设法克服困难才能渡过难关。事实上，不管做什么事，不仅需要深思熟虑后的果敢决定，更需要有一种为实现自己的决定而做出无悔的不懈努力的精神，没有这种精神，又怎能成就大事?

因此，我们必须明白一个道理：惟有坚持不懈、集中精力去做一件事，才能抵达成功的彼岸。

◇敢于挑战自我◇

毕业于西点的威廉·B·富兰克林说过这样一句话："要求永远不犯错，正是什么也做不成的原因。"

西点的新学员训练营中个个都想出人头地，崭露头角。学长们把课程排得非常紧凑而有趣。每个新学员都要学习如何表现自己，如何把握自己的个性以吸引众人，努力争取到最能够管理和影响别人的机会与地位。

训练营的格言是："随时随地表现自我，敢于冒险，倾尽心力!"西点学员会尽其所能地生活着，光荣地完成训练。在这样一个自励过程中，所有新学员都在全心全力地表现自我、发展自我。来西点受训的学员能体验到生命的各个方面都充满趣味。

西点学员明白积极进取的生活可以改变人生的面貌。西点军人的可贵之处就在于他们敢于向忧虑和恐惧进攻，他们善于控制忧虑和恐惧，而不是为其所控制。

对一个奉献自己的西点学员来讲，军人是一项光荣的冒险事业。他们每天必须都充满着战斗力，因为他们明白，只要肯于采取积极的态度，问题就已经解决了一半。只要使出更大的心力，胜利就会提早来临。

在公司中，每一个员工都希望自己成为老板，但是如果大家都坐等机会来临，机会永远也等不到，只有积极进取的人才能抓到机会。

公司的员工需要改掉的是一整套的习惯。首先，遇到有小事要决定的时候，像西点军人那样练习“快动作”。强迫自己在某一时限内作出决定，决定好了就不要改变。

现在有很多员工渴望成功，却因为缺乏冒险精神，所以虽然充满希望，却无法达到成功的彼岸。在勇冒风险的过程中，就能使自己的平淡生活变成激动人心的探险经历。

把西点军人当做自己行动的导师，去做自己想做的每一件事，那么成功就会在你脚下。

军规十一　火一般的热情

热情是促进团队合作的润滑剂，也是个人品质的表现。热情可以使人释放出潜在能量，发展出坚强个性。西点训练新学员学习和执行任务中的积极性，让他们倾注激情，在快乐中圆满地完成任务，调动学员的热情就是西点军事训练中的核心内容。

◇对待工作要充满热忱◇

西点军校十分注重一些细微之处以培养学员的热情和积极性。西点学员都要学习解决生活中遇到的问题，譬如补鞋这个看似简单的事，学员也把它当做艺术来做，全身心地投入进去。这样的学员给你的感觉就是一个真正的艺术家。

西点63届毕业生、美林·埃德加投资公司总裁埃德加·爱伦·坡说："热忱是一种力量，它可以融化一切。热忱源自内心，它不是虚伪的表象。热忱使人充满了魅力和感染力。在一个积极有力的人面前，纵然是坚冰也不再冷漠。”

西点军校戴维·格立森将军说：“要想获得这个世界上的最大奖赏，你必须拥有过去最伟大的开拓者所拥有的将梦想全部转化为价值的献身热情，以此来发展和展示自己的才能。”

西点军校的辉煌业绩当然也少不了热情，西点学员从不无精打采地学习、磨磨蹭蹭地训练，正是这些因素决定他们在未来战争中的优势。热情对于一个西点学员来说就如同生命一样重要。

在很多公司中，不幸的是对自己的工作和所从事的事业充满热情的员工少之又少。调查结果显示：有80%的员工视工作为苦役，而且迫不及待地想要摆脱工作的桎梏。

热情是促进团队合作的润滑剂，是一个人品质的一种体现。如果员工本身不能热情地对待自己的工作的话，那么即使让他做他喜欢的事情，一个月后他依然觉得工作乏味至极。

西点军校上尉艾赛巴克·尼尔曾说过：“我们从不把西点军校的生活看作是乏味的事情，我们从军事训练中获得更多的意义。”西点军人依靠热忱取得成功，在工作岗位中也是如此。

“热情的态度是做任何事的必要条件。任何学员，只要具备了这个条件，都能获得成功。”西点军校赛尔西奥·齐曼将军道出了西点军校成功的奥秘。

伟大人物对使命的热情可以谱写历史，普通员工对工作的热情则可以改变自己的人生。著名人寿保险推销员贝特格正是凭借自己对工作的高度热情，创造了一个又一个奇迹。

没有任何一个人愿意与一个整天提不起精神的人打交道，也没有任何一家公司的老总会提拔一个在工作中萎靡不振的员工。因为一个人在工作的过程中萎靡不振，不但会降低自己的工作能力，还会对他人产生负面的影响。

麦当劳汉堡店内的员工，他们的工作很简单，并且有一套非常有效的生产作业在背后支持。他们也很少遇到不寻常的要求，跟客户打交道也不会面临很多困难。但是就是这么简单的工作，员工们对此倾注了100%的热情。他们永远面带微笑，非常有礼貌地向客人请示。热情使他们做事机敏，工作速度既快，质量又好。

对于一名员工来说，热情就如同生命，热情是工作的灵魂，如果在工作中失去了热情，工作将会变得单调而琐碎，毫无生气。在老板眼中，那些对工作充满了热情的员工，永远是最有潜质、最值得信赖的人。

LG 人力资源总监张晖在谈到公司的用人标准时说："LG 需要的是一些怀着对工作的热情和坚忍不拔的韧性，敢于执行的专业人才。"他将员工对工作的热情和执行力看成员工胜任力的重中之重。

执行力和工作热情对员工的工作业绩影响至深，而且这两个方面是互相影响、互相推动的。员工的满腔热情只有在化为执行力后才能为公司带来实际的效益，同样，执行力只有在热情的推动下才能产生更大的能量。

成功学大师卡耐基认为，对工作热情的人具有无穷的力量。威廉·费尔波是耶鲁大学最著名而且最受欢迎的教授之一。他在那本极富启示性的《工作的兴奋》中写道："对我来说，教书凌驾于一切技术或职业之上。我爱好教书，正如画家爱好绘画，歌手爱好歌唱，诗人爱好写诗一样。每天起床之前，我都兴奋地想着有关学生的事。人在一生中之所以能够成功，最重要的因素就是对自己每天的工作抱着极大的热忱。"

在这个社会中，职场人士承担着巨大的有形的或者无形的压力。同事之间的竞争，工作方面的要求，以及一些日常的生活琐事，无时无刻不在禁锢着我们的心灵。于是在种种的压力、种种的禁锢之后，无精打采、垂头丧气和漠不关心扼杀了我们心中对事业的追求和热情。从热爱工作到应付工作，再到逃避工作，热情的丧失使我们的工作变得单调而琐碎，毫无生气。

优秀的员工和平庸的员工在技术、能力和智慧上的差别通常并不很大，但是具有热忱的人将更能如愿以偿。因为从某种程度上说，热忱比能力更重要。

凭借热情，可以释放出潜在的巨大能量，发展出一种坚强的个性；凭借热情，可以把枯燥乏味的工作变得生动有趣，使自己充满活力，培养自己对事业的狂热追求；凭借热情，可以感染周围的同事，让他们理解你、支持你，使你拥有良好的人际关系；凭借热情，我们更可以获得老板的提拔和重用，赢得珍贵的成长和发展的机会。

反之，失去热情，就很难在职场中立足和成长。热忱不仅是促进团队进步的润滑剂，还是一个人品质的另一种体现。西点学员依靠热忱成功，而一名优秀员工更应如此。

一个没有热情的员工不可能始终如一、高质量地完成自己的工作，更不可能做出创造性的业绩。失去了热情，永远也不可能在职场中立足和成长，永远不会拥有成功的事业与充实的人生。从现在开始，对工作倾注全部的热情吧。

◇激情成就梦想◇

激情是前进的向导，而对军人职业的热爱则是推动学员们在学习和执行任务中不断前进的动力。在西点的训练中，如何调动新学员学习和执行任务中的积极性，让他们在执行任务中倾注激情，在快乐中圆满地完成任务，被作为训练的重中之重。因为，激情是最好的导师，它让新学员对军人的职业充满了向往。

对于军人来说，激情就是斗志，激情就是战斗力，激情就是威慑四方的魄力。而激情对一个员工来说就是一把无形的利剑，是感染力，能将产品和价值赋予情绪和魂魄，让人乐意触摸和感受。激情不是矫揉造作，而是发自内心、表现于外的执著和热爱。

比尔·盖茨常说："我曾经有一个梦，这个梦就是在世界上建立一个让美国人可以骄傲的软件公司。每天早晨醒来，一想到所从事的工作和所开发的技术将会给人类生活带来的巨大影响，我就充满了激情。"在他看来，一个优秀的员工，最重要的素质是对工作的激情，而不是能力、责任及其他。他的这种理念已成为微软文化的核心，像基石一样让微软王国在IT世界傲视群雄。

很多年轻人进入职场后发现，自己并非没有才华，在某一领域里的丰富知识甚至令他人难以企及，但是在工作中却业绩平平；有些人并没有什么渊博的专业知识，却总能创造出令人刮目相看的成绩，这其中一个很大的因素就是激情。

激情对于一个员工来说，就如同生命一样重要。西点毕业生、美林证券在线投资部主管克里斯蒂娜·尤哈兹说："赚钱容易，但是有一番作为却要困难得多。困难的地方在于我们必须找出对自己有意义的工作，并抓住机会，勇敢地闯出一片天地。如果你做事总是提不起劲，生活始终陷在不满的情绪里，你就得好好检讨和反省一下，因为你恐怕还不了解，金钱并不能帮你点燃心中热忱的火炬。"

有激情才会有效率。很难想象，一个对工作兴趣淡薄的人能全身心地投入工作，收到很好的工作成效。兴致勃勃会让人更好地发挥想象力和创造力，在短短的时间内取得更好的成绩。

很多人满怀憧憬地进入职场后，首先对工作环境感到很失望，然后，同事之间的竞争、工作方面的要求，以及一些日常的工作琐事接踵而至。面对巨大的压力，他们失望之余，变得无精打采、垂头丧气，对所从事的工作从热爱到应付再到逃避，结果使职业生涯遭受毁灭性的打击。

更为致命的是，当他们在职场中遇到挫折和失败的时候，又总是从外界找借口来为自己开脱：什么竞争太激烈、大幅度裁员等，却很少仔细审视自己，也并不认为无精打采地上班、磨磨蹭蹭地工作是什么值得注意的大事。却不知，正是这些让老板下定决心辞退他们的。

做事情都应神情专注、心情愉快，自己创造机会、把握机会，一心想把任务完成得更好。一个对自己工作充满激情的人，无论在什么公司工作，他都会认为自己所从事的工作是世界上最神圣、最崇高的一项职业；无论工作的困难是多么大，或是质量要求有多么高，他都会始终一丝不苟、不急不躁地去完成它。

有激情就意味着受到了鼓舞，鼓舞为激情提供了能量。赋予你所做的工作以重要性，激情也就随之产生了。即使你的工作不那么充满魅力，但只要善于从中寻找意义和目的，也就有了激情。

当一个人对自己的工作充满激情的时候，他便会全身心地投入到自己的工作之中。这时候，他的自发性、创造性、专注精神等等便会在工作的过程中表现出来。

许多人对自己的工作一直未能产生足够的激情与动力，主要的问题可能就出在他根本不知道自己为何需要这份工作。

IBM公司的人力资源部部长曾对记者说："从人力资源的角度而言，我们希望招到的员工都是一些对工作充满激情的人，这种人尽管对行业涉猎不深，年纪也不大，但是，他们一旦投入工作之中，所有工作中的难题也就不能称之为难题了，因为这种激情激发了他们身上的每一个钻研细胞。另外，他周围的同事也会受到他的感染，从而产生出对待工作的激情。"

美国汽车大王亨利·福特曾说："工作是你可以依靠的东西，是个可以终身信赖且永远不会背弃你的朋友。"

由热爱工作，到对工作产生热情，是一个熟悉并逐渐深入工作的过程。随着工作的深入，热情可以转化为激情。

在一个公司里也是这样，为什么别人能充满热情，干劲十足，自己却总是觉得不管什么事情都乏味无聊。看着这样的职员干活，简直就是受罪，他们愤世嫉俗。

而那些充满乐观精神、积极上进的西点学员，做什么事情都是干劲十足，神情专注，心情愉快，自主创造机会、把握机会，一心想把任务完成得更好。

上司对兢兢业业、神情专注、充满热情的员工更加信任。每一次提升对他们都是鼓励。员工的积极心态也往往会感染他的上司，上司也知道，这样的下属在竭尽全力帮助自己，并且对那些散漫拖沓的员工也是一种激励。所以，他会自觉地与有良好心态的员工在一起，关心他们的生活，而对那些不专心工作、逃避责任、不注重实绩的员工，有一种本能的排斥心理。

激情是高水平的兴趣，是积极的能量、感情和动机。当一个人确实产生了激情时，就会浑身都有感染力。这种神奇的力量使他以截然不同的态度对待别人，对待工作，对待整个世界。

西点军校的训练是枯燥的，如果缺乏对生活的激情，训练就会变成无休无止的苦役，这是一件非常可怕的事情。学员们在面对每一次训练的时候，都能够凭借着极大的热情和顽强的毅力，使得每一次训练都能够达到最好的效果。

许多西点学员在经历每一次的训练时都保持和第一次训练时同样的热情和认真，这是非常值得学习的地方。

保持在工作中的激情，像燃烧的火焰一般热烈，用满腔的热情和积极主动的心态，正确面对生活和工作，并因此感到快乐，这会使工作成绩跟着水涨船高。

◇乐观、坚强的品性是成功的法宝◇

西点军校注重对学员心理素质的培养，乐观、坚强是所有学员努力的方向。从西点军校出来的很多人，都成为了日后在社会上赫赫有名的大人物，正是西点造就了他们的这种优秀品质，才使得他们能够在自己的人生中大放异彩。

乐观、坚强的人能让上司信任，因为他们不会沮丧，永远充满朝气，工作起来劲头十足。悲观的人在工作中表现为遇到困难时，只会停下工作，知难而退，而不会去考虑是否有别的可行办法。

这类人因害怕自己的见解被别人认为浅显无知，每次开会，都悄悄地坐在一个角落里，只是默默地听着。会上，每当上司发现角落里的人，向他们征询意见时，这类人总是唯唯诺诺。在上司面前，这样就是主动放弃了表现自己的机会，而且上司还会认为他没有把公司的利益放在心上。

要做到乐观坚强并不难，只要平时敢于肯定自己的优点，遇到困难或挫折时，以积极的心态尽快找出解决的办法。只有自己对自己充满信心，你的上司才能对你也充满信心。

倘若一个人意识到自己具备某种能力，却由于环境所迫，只得年复一年地做着自己讨厌的苦差事，那他永远不会成功。在西点军校，很多学员失败了再起来，面对失败从不沮丧，抱着不屈不挠的无畏精神，最终获得成功的例子不胜枚举。在所有西点军人中，即使是受到挫折打击很大的人，也相信自己一定可以重整旗鼓，获得成功。

在任何一个特定时间里，几乎所有人在他们事业的某一点上都将体验到筋疲力尽。然而，对于筋疲力尽的最通常的反应是围绕它的恐惧。

在福特汽车公司工作的艾柯卡被上司亨利·福特开除而失业了。艾柯卡痛不欲生，他对自己失去了信心。就在这时，艾柯卡接受了一个新挑战——应聘到濒临破产的克莱斯勒汽车公司出任总经理。凭着智慧、胆识和魅力，艾柯卡大刀阔斧地对克莱斯勒进行了整顿、改革，并向政府求援，取得了巨额贷款，获得重振公司的机会。在艾柯卡的领导下，克莱斯勒公司在最黑暗的日子里推出了K型车的计划，此计划的成功令克莱斯勒起死回生，成为仅次于通用汽车公司、福特汽车公司的第三大汽车公司。事后，艾柯卡深有感触地说："奋力向前，哪怕时运不济；永不绝望，哪怕天崩地裂。"

无论遇到多大的困难，都不要让消极的思想侵蚀灵魂。要向乐观、坚强的西点军人学习，相信自己一定可以在事业中赢得胜利，要有一种炽热求胜的欲望，而这种欲望则是走向成功的第一步。

军规十二　不断提升自己

西点军校第一任校长、著名政治家和科学家乔纳森·威廉斯曾说："不管你有多么伟大，你依然需要提升自己，如果你停滞在现有的水平上，事实上你是在倒退。"作为企业的一员，就要不断提升自我。有时候一帆风顺可能成为成长的阻力，只有终生学习才能掌握未来；要善于在工作中学习新的知识和技能，争取参加一些有益的培训来提升自我。不要羡慕别人的高薪，因为天下没有免费的午餐，要想拿高薪，必先付出自己的努力。

◇终身学习，不断提高◇

西点学员们知道，只有不断地学习，不断地积累知识，才有取得成功的可能。在西点毕业的人知识都很丰富，无论是在哪个行业的人，都具有深厚的文化底蕴。西点的经典之处就在于它塑造了一批批具有个性魅力和丰富底蕴的时代精英。西点学员在训练中学会了不断提高自己的能力。他们深知，只有自己比敌人拥有更丰富的知识才能在战斗中获胜。

埃里克·霍弗将军深信："没有哪个人可以永远独占鳌头，在瞬息万变的世界里，惟有虚心学习的人才能够掌握未来。"

西点学员杰克·沃特曼将军曾说："只有两种选择，第一是终生学习并保持不败地位；第二则是成为老古董，并且被时代的洪流抛弃在后头。"艾森豪威尔将军可以背诵世界地图，麦克阿瑟将军则会操作几乎所有的武器。

在企业当中，不论作为领导者还是员工，都要不断地学习知识和技能，不管愿不愿意，自觉不自觉，每个人都要终身学习。现代社会知识更新特别快，终身学习是现今社会的一个必然趋势，只有不断充实自己才能保持竞争优势。社会变化越来越快，大脑也要不断地"充电"、不断地更新，才能跟上时代的步伐和潮流。

"在各界做事的人，无论是商业界、交通界还是军界，"毕业于西点的海德雷上尉说，"他们最需要的人才是高等学府培养的、能善于选择书本并活用书本知识的青年。"

在职业生涯的任何一个阶段，都不能停下学习的脚步，要把学习当成终身的事业。要让自己学习的知识和技能服务于所在的公司，不能让自己落在时代的后头。

只有通过不断的学习，才不会因物质而感到自满。不断提高自己的知识修养水平，才能在公司中发挥更强的作用，为自己的事业奠定一个良好的基础。当然在学习中要给自己制定一个合理的职业规划，不能盲目地学习。

很多人心存依赖，他们总是被动地去接受教育，等待着别人来传授知识。其实要做到终身学习并不是一件难事，因为人的一生中每时每刻都有接受教育的可能性。

西点军校前校长乔纳森·威廉姆斯曾说："养成每天阅读 10 分钟好

书的习惯，20 年后你们就都可以来做校长。”西点军校的人都知道，读书学习是一辈子的事。

博览群书以求知识渊博是每一个人都应该努力培养的一种习惯。善于鉴别书籍的好坏，就像军人善于鉴别武器一样，会让一个人终身受益。

西点学员宁可节衣缩食，也不吝惜购买书籍。亨利·克莱将军年幼时，他的母亲把替人家洗衣所得的钱用来给他购买书籍。

在这个知识与科技发展一日千里的时代，随着知识、技能的折旧越来越快，不通过学习、培训进行技能更新，适应性自然会越来越差，而老板又时刻把目光投向那些拥有领先优势、能为公司提高竞争力的人。只有具备学习思维，不断提高自己的优势，才能使自己在职场上立于不败之地。

系山英太郎，一位在日本政商界呼风唤雨的显赫人物，30 岁即拥有了几亿美元的资产，32 岁成为日本历史上最年轻的参议员。2004 年《福布斯》杂志全球富豪排行榜上显示，系山英太郎个人净资产 49 亿美元，排行第 86 位。

◇李嘉诚

他的赚钱秘诀何在？系山英太郎说：“善于学习是制胜的法宝。”他一直信奉终身学习，碰到不懂的问题总是拼命去寻求答案。通过推销外国汽车他领悟到销售的技巧；通过研究金融知识，他懂得如何利用银行和股市让大量的金钱流入自己的腰包。后来年龄渐长，系山英太郎仍不甘心被时代淘汰。他开始学习电脑，不久就成立了自己的网络公司，并在网上发表他个人对时事问题的看法。即使已经年迈，系山英太郎依然勇于挑战新生事物，积极了解未知的领域。正是凭借终身学习，系山英太郎让自己站在时代的潮头之上。

现代社会处于信息爆炸之中，无论知识还是技术都日新月异。可以说，知识不仅是力量，而且是最核心的力量。

李嘉诚先生曾深有体会地说过，在知识经济的时代里，如果你有资金，但是缺乏知识，没有新的信息，无论何种行业，你越拼搏，失败的可能越大。

未来的职场竞争将是学习能力的竞争，一个善于学习的人，前途必将一片光明。中国有句话叫做："活到老，学到老。"要想让自己站在时代的前沿，就一定要终身学习，不断提升自我。

◇善于在工作中学习◇

西点著名学子、美国 34 任总统艾森豪威尔曾说："在工作中学习，在学习中进步，才能担当重任，而努力学习、刻苦训练是获得才能的唯一途径。"

西点军校之所以闻名于世，除了它所具有的独一无二的军事管理水平以外，更在于它有规范的四年学制，而且非常强调军事训练以外的普通大学式的文化教育。

西点军校培养学员坚持理论与实际相结合，他们认为，一个人即使有再高的理论水平，如果不能投身到社会当中，也是没有任何意义的。因此西点一贯主张，在工作中学习，在学习中进步。

西点学员都被鼓励去参加"专业军事高级教育"课程。这一课程规定了西点每一级别的学员要承担的责任，包括从战斗技巧到军事法律辅导等多方面的内容。但是否参加这些课程完全是自愿的。那些没有选择参加这些课程的学员们自然也就没有被提升的机会了。

在一个企业里，员工同样如此，只有不断在工作中充实自己、提升自己，才能更好地胜任自己的工作，在竞争中不被淘汰出局。

现在很多企业都为员工提供再教育和培训的机会，所以，要抓住这些难得的机会，争取成为公司的培训对象。为此，就要了解公司的一些计划和培训对象的条件等等，一旦觉得自己合适，就毫不犹豫地去争取。上司对于这样的员工是非常欢迎的。

现在职业半衰期越来越短，所有高薪者若不学习，无需5 年就会变成低薪。未来社会只有两种员工：一种是忙得要死的员工，另外一种是找不到工作的员工。

公司要求员工增强学习意愿，精进自己的工作技能，以免被远远地抛在后面。公司要建立成功基础，敦促并要求员工参加再教育或资格培训课程。公司应制定员工培训计划，培训的投资一般由公司作为人力资源开发的成本开支。

在公司不能满足员工的学习要求时，员工也不要闲下来，可以自掏腰包接受再教育。首选应是与工作密切相关的科目，除此之外，还可以考虑当下一些热门和自己感兴趣的科目，多学习多充电，以增加自己以后在职场中的竞争分量。

另外还可以考虑一些热门的项目或自己感兴趣的科目，这类培训更多意义上被当作一种补充，在以后的职场中会增加你的分量。一切事物随着岁月的流逝都会不断折旧，人们赖以生存的知识、技能也一样会折旧。中国有句古话叫做：“技多不压身。”

但现实生活中，许多人总是以“生活太忙碌，没有时间”为借口。其实再忙也可以完全充分地利用时间。只要把工作和生活稍加安排，就会腾出许多时间。

在公司中，常常会听到有人抱怨薪水太低、怀才不遇，却不知，自己正处于一个可以学习的地方，如果只是一味地抱怨，永远也不会有所长进，只有安心学习，在工作中不断提升自己，才能成就自我。

随着知识、技能翻新越来越快，公司的员工也会出现差异，那些平时善于学习的人会做得越来越好，而那些懒散、得过且过的员工的适应性会越来越差，最终被淘汰。

在战场上，步履缓慢的军人一定跟不上队伍的步伐，最终会被落在后面。尽管西点军校是一流的军事学校，但学员们仍然充满了强烈的危机感。

不被社会认可或被淘汰掉，这不仅是学员自己不能忍受的，也是西点军校不能接受的，因为在西点的理念中，只有进步和成功。保持学员永远的优势和荣誉感，这是西点永远的使命。

现在的职业更新越来越快，唯有在工作中学习，才能不断提高自己的职业水平和技能。永不懈怠的学习才是百战百胜的利器。

◇要拿高薪，必先勤奋◇

西点毕业生纳尔逊·布莱德林说："你付出多少就会收获多少，如果你想提高你的能力，就必须要克服懒惰的习性和摒弃不劳而获的观念，也就是说，你必须要勤奋工作，认真做好每件小事。"

一个爱偷懒的人，最终什么事情都干不成。所以无论做什么事情，都要有心，都要付出劳动，天底下没有不劳而获那种便宜事。通过学习，西点军校的学员懂得了，一个人不仅仅是为自己而活，还有更重要的责任在身。既然肩负责任，就不能想着偷懒，而必须要勤奋。

左拉说："世界上最伟大的法则就是工作，工作使有机的事物缓慢而有条不紊地朝着自己的目标前进。"

德国人有一种习惯，把名言、真理都刻在钥匙上来警示人们。一句"不用，就生锈"就很好地道出了铁的本质和对人的寓意。

任何事物都要运动，一旦它离开了运动，那它就会停滞，这就是自然的法则。一个人只有不停地奋进，才能有所收获。

正是这种"不用，就生锈"的精神，给这个世界留下了无数的辉煌业绩和杰出成就，而它们无不是得益于勤奋的工作，无论是从事何种行业。

乔治·拉斯罗说："在我的一生中，我最幸运的事情是，我能够认识许多用勤奋灌溉的艺术家。他们都强迫自己每天写作十二至十六个小时，尽量减少休息时间和睡眠时间，真正达到了废寝忘食的地步。"而他在谈到自己是如何工作时说："至于我，常常不分白天黑夜，连睡觉和吃饭的时间都没有。这在一些人的眼里，是非常难以忍受的生活。但是，凡是想取得成就的人，就不得不这样做。我热爱自己的工作，对创作充满了热情。但是，当我写作了八个小时或十个小时之后，大脑和神经过度紧张，已达极限时，我承认，这样的工作实在是单调乏味至极。天地作证，我不能说假话。然而，在这些繁重枯燥的工作中，也有着鼓舞人心、能起补偿作用的东西，那就是精神得到了满足，自己的能力得到最大限度的发挥。正是因为心无旁骛，全身心地投入工作，我才可以有更多的时间来做更有价值的事，我的精神世界才会更加充实。"

朗费罗赞美那些勤奋工作的人说："如果把伟大的诗歌作品比喻成露出水面的桥梁，那么，作者静静地研究和学习，就是水面下的桥基。虽然我们看不见桥基，但它是不可缺少的。"

格莱斯顿先生在他高龄的时候向人们讲述着他的成功秘密，他说："我在工作中得到了最大的乐趣，并养成了勤奋工作的习惯。年轻人总觉得休息就是中止所有努力，但我却有新的发现，最好的休息是可以改变工作的一种方式。如果长时间看书、思考，把脑子弄得昏沉沉的，那就到空气新鲜的室外呼吸一下新鲜空气，锻炼一下身体，让思维尽快地得到恢复。要知道，自然的努力是无止境的，在我们睡觉的时候，心脏也不会停止跳动。只要大自然伟大的活动有一刻停止，我们人类就会死去。我尽量在工作的时候也模仿大自然的方式，顺应自然规律生活。我所获得的回报就是健康的消化功能、良好的睡眠、身体的各个器官保持在最好状态。这就是我要留给你们的成功的秘密——勤奋工作带来的回报。”

世界上任何事情都要有付出以后才能有回报，在职场上也一样，要拿高薪，必先勤奋。懒惰不仅让人失去物质上的东西，更重要的是丧失进取的精神动力，消磨一个人的意志。所以必须要勤奋工作，这样，用不了多久，你也会大有收获。

勤奋表现在日常工作上，首先应该有一种积极向上的人生态度。勤奋还需要诚实的品格、精明的技巧来激励，美好的理想来引导。

纵观那些薪水很高的优秀员工，他们尽管背景、性格、特长千差万别，但却有一个共同特点，那就是勤奋。正是因为勤奋，他们的工作水平才得以不断提高，发展机会也会增多，从而为公司的发展做出了贡献，因此薪水也得以不断提高？

想让你的薪水增加更多吗？那就努力工作，勤奋学习，不断提升自己吧，只要努力去用心做，高薪并不是神话。

◇努力提升自己的竞争力◇

西点军校之所以能够成为培养美国军事人才的摇篮，就是因为它历来重视学习，即使是在紧张的训练后，学校也要学员们抓住一切可以利用的时间去充实自己，学校也给学员提供了很多良好的学习机会。

充满智慧的西点人知道，学习是战胜一切困难险阻的保证，是胜利的源泉。学习造就了西点军校，学习赢得了胜利，创造了历史。

现代企业，竞争非常激烈，一不小心就可能被淘汰出局，所以时时注重提升自己的能力，是职场人必备的一种能力和素养。

如今是知识经济时代，企业与企业之间的竞争就是员工与员工之间的竞争，只有具备高素质的员工，企业才能有极强的竞争力。而员工的高素质，在很大程度上取决于其学习能力。从这一意义上说，企业竞争的实质其实就是员工学习能力的竞争，一个企业要想发展得更好，惟一的优势是来自比竞争对手学习得更快的能力。作为一名员工，要想提升自己的竞争力，必须要加强自己的学习能力，最大限度地发挥自己的聪明才智，才能在激烈的竞争中立于不败之地。

那些成功的企业都有一个共同的特点，那就是十分注重培养员工的学习能力。IBM 公司的大楼上写着“学无止境”，公司每年投入很多的资金对员工进行培训，不仅创建了各类培训的学员，还建立了网上大学，为员工提供了非常多的培训机会，并因此造就了非常多的优秀人才。摩托罗拉公司也是这样，每年都会花重金对员工进行各种培训，如今培训的基地分布于世界各地；西门子公司也非常看重培训的作用，并把培训作为竞争力之一。

据有关资料显示，全球 500 强企业中，有一半以上的企业都是学习型的企业。全世界排名前 10 位的企业，100%是学习型企业。由此可见，企业成功的关键就是重视员工的培训。

不论是西点军校的培养学员的理念还是众多大企业的培训，无不显示了学习在竞争中的重要性，所以，要想让自己站稳脚跟，就只有终身不懈怠地学习，不断激发自己的潜能，乃至成为公司最有竞争力的人，在关键时刻能够脱颖而出。

◇虚心求教，永不满足◇

西点军校之所以能在军界中享有盛誉，就在于它时刻要求学员具有虚心上进、永不满足的学习态度，这样使得西点的每一位学员都具备学习、吸收、适应以及运用资讯的能力，让自己的专业技能随时保持在巅峰的状态。

西点军校的约翰·科特上尉说过这样一句话："勇敢面对挑战，并且大胆采取行动；然后坦诚地面对自己，检讨这项行动之所以成功或是失败的原因。你会从中吸取教训，然后继续向前迈进，这种终生学习的持续过程将是你在这个瞬息万变的环境中的立足之本。"

培根曾说："不满是向上的车轮。"的确如此，人应永不满足，生命的过程就是一个不断自我超越的过程。要想永远立于不败之地，就要虚心学习，永不满足。

现在的公司对于缺乏学习意愿的员工是很无情的，物竞天择，适者生存，不具备竞争的优势，就要被无情的淘汰。在公司里经常会有这样的情形：自认为学识广博的员工往往只会停滞不前。

对于一名企业的员工来说也一样，只有虚心向比自己优秀的人学习求教，才能使自己不断进步和提高，如果仅仅满足于自己现有的知识水平和技能，那么早晚有一天会被别人所赶超。

埃里克·霍弗将军曾说："没有哪个人可以永远独占鳌头，在瞬息万变的世界里头，惟有虚心学习的人才能够掌握未来。"

有时候一帆风顺并非是一件好事，反而会阻碍一个人成长。很多人沉溺在对昔日以及现有表现的自满当中，学习以及适应能力的发展便会受到阻碍。如果没有虚心求教、永不满足的学习心态，最终将丧失自己的生存能力。

西点学员时刻保持着对自己的技能层次的警觉，并且能够在此基础上深入挖掘一些更高深的知识和技能，通过阅读、训练等等各种方式来吸取新的经验。总之，不论是在哪个领域，学习的脚步都不能稍有停歇。

一个人无论怎样成功过，都不能停下学习的脚步，必须时刻关注自己的职业生涯，而且必须要不断投注心力，否则，工作就无法有所突破，终将陷入日复一日重复的陷阱里头。维系成功的惟一办法就是虚心求教，永不满足，并且在新的方向上不断探寻、成长。

对于很多人来说，学习并不是什么难事。向书本学习，向朋友学习，甚至向竞争对手学习，这些已经成了不少人的良好习惯。对于一名优秀的企业员工来说，高效的学习习惯在当今社会显得尤为重要。

西门子正是顺应了这一潮流，虚心吸纳对手的长处，在学习中竞争，才形成了自己的优势，并始终保持着前进的动力。

身居世界企业500强的德国西门子公司，要求员工必须遵守不断学习的职业守则，不准任何人凭资格和吃老本。他们要求员工必须虚心求教，永不满足，具备很强的学习能力、观察能力，理解公司核心的价值观，融入公司的文化氛围，保持自觉学习的状态，针对自身素质对症下药，把自己培养成公司不断发展所需要的人才。

在西门子公司的车间里，有一位从农村来的小伙子，在车间里做些杂活。这个小伙子憨憨的，平时也不爱说话，每天只是闷头干活。

员工们平时在工作之余会坐在一起聊天，说些笑话，或者打闹一番，但这个小伙子却很少在休息时间里与人聊天，他总是站在一些生产设备前看个不停，一会儿动动这儿，一会儿摸摸那儿，即使说话，也是问工人一些生产的问题，有时候还饶有兴趣地和工人讨论一些产品生产中的问题。

他的行为起初遭到了同事们的嘲笑和不屑：“难道你还想做技术工

人不成？”但他每次对这样的嘲笑和奚落却只是笑笑而并不在意。

没想到，两个月后的一天，车间的一台机器出了问题，技术师傅忙了半天也没修好，小伙子过来摆弄了一会儿，机器居然又正常运转了，这让所有人大吃一惊。原来，小伙子已经在这两个月中学习了产品生产的全过程，并且对机器的操作也非常熟练了。

主管对他的学习精神非常欣赏，很快就把他提升为车间的负责人。然而小伙子对此并不满足，依然像原来一样，抓住各种机会学习，在学习了产品生产和其他知识的同时，还自学了外语，并每个月自费去总部参加培训。

如此半年后，这个其貌不扬的小伙子成了总公司生产制造部的主管，两年以后又提升为经理，深得总裁信赖。

西门子时刻都在提醒着自己的员工：你需要不断学习，你需要通过学习新知识来提升自己，适应企业的发展。而且西门子也非常重视一个员工的学习能力，并努力创造条件让员工去主动学习，把学习当成一种习惯。

很多员工会在公司里抱怨，说老板不重用他，不给他加薪，不提升他，等等。其实与其抱怨老板不重视自己，不如反省自己，并且不断提高自己各方面的技能。

学习，是人一生中一项最重要的投资，一项伴随终生的最有效、最划算、最安全的投资，任何一项投资都比不上它。

富兰克林说过：“花钱求学问，是一本万利的投资，如果有谁能把所有的学问都装进脑袋中，那就绝对没有人能把它拿走了！”

在所有的能力当中，学习能力应该是人才应具备的各种能力的核心，如果没有了学习能力，人的思维就会出现僵化，最终被新知识、新观念所淘汰。

美国总统威尔逊说过：“学习是终生的事业。”如今整个组织逐渐向开放的学习型组织转变，任何一个员工都有必要培养和提高自己的学习技能，学习业务知识，不断拓宽知识面，从多方面丰富、提高自己，成为学习型的员工。

企业外的世界不断变迁，企业内的人员也要跟着改变。企业需要员工掌握新技巧，以便在新的工作环境中有突出的表现，即使最令人满意的企业也不能凭着过去的成功驶向未来。每位员工都必须检视自己对变迁的反应，没有人能够退居一角只做旁观者。

西点军校教诲学员，要保持一种谦逊的心态，永不满足。要虚心向比自己优秀的人学习。不管你有多能干，千万不要自我膨胀到目中无人的地步，唯有虚心学习，才能够成功掌握未来。

在现在的职场上，不管从事的是哪个行业，没有知识总是愚蠢和可怕的，因为这将意味着你丧失继续前进的动力，意味着你很难对周围不断发展的事物进行理性的分析和理解，意味着你将失去人生的方向，逐渐被更多掌握新知识和拥有新技能的人所取代。

第四章

乐于奉献

西点著名教官马科斯说："在完成任务的时候，你想得到的越多，你失去的也将越多。"

军规十三　勇敢无畏

西点学员在残酷的训练中，练就了在任何危险和混乱的环境中保持镇定和从容的特性。在残酷的商海中，商家若具有狼一样的心态和勇气，面对危机从容镇静，沉着应对，定会成为真正的商海强者。

◇提倡理性的勇敢◇

西点著名将军布莱德利说："面对死亡微笑的勇士将不会畏惧任何危险，勇气会贯穿于他们的一生，牺牲是他们战胜一切困难的武器。"

在军事教育发展方针中，西点明确提出培养学员"理性的勇敢"。"理性的勇敢"不是简单的血气之勇，不是三分钟热血的冲动。西点学员毕业后就是军队的管理者，他的勇敢不是单纯的个人行为，而是一个整体效应，是带有责任的勇敢。

任何职业都不会一帆风顺，都有艰险，但任何职业都没有军事管理者所要面临的困难艰险多。军官的职位越高，就越需要能深思熟虑的智力来指导胆量，使胆量具有内在的力量，在追求目标的时候不至于冒很大的风险。

西点通过一系列军事训练、体育活动，不断激发学员的内在勇敢，使他们能够在战争需要的紧急关头无所畏惧地冲上去。同时，在文化教育过程中，西点着重智力开发、思维训练，不断提高学员认识问题的层次，使他们有胆且有识。

一名优秀的公司管理者，魄力与胆识是必不可少的素质。每一位公司管理者都需要冒险。风险愈高，管理者的情绪愈接近恐惧。要训练自己在重要关头能够处理恐惧，最好的办法是在控制的情境下练习克服恐惧。

他们必须学会面对恐惧，了解恐惧，同时体会如何应对恐惧产生的压力。唯有如此，才能确保在最需要冷静行事的关键时刻，不会因为恐惧而瘫痪。

公司的管理者必须学会自制，只有会自我克制的人才会平静地对待恐惧。学会如何自制之后要能够放松。要抛开有意识的自制，让平日反复练习的成果自然表现出来，也许是最困难的一个技巧。

在紧要关头，果断决策是难以避免的，这就需要牺牲精神，需要勇气。对于公司的管理者来说，管理责任和效益是对等的。

要善于抓住时机，又要有决断的魄力和胆识，才能敢于闯新路、勇于攀高峰。许多商场上的行家里手都有胆有识，在关键时刻，敢于抓住机遇，迎难而上。

◇勇气是必备的条件◇

西点开始训练时，新学员中普遍存在恐惧心理。但是教官们没有让这些刚来的新学员平静下来，而是想尽各种办法来加剧他们的焦虑。

西点必须教会自己的队员如何表现得更勇敢，克服恐惧的能力是有效的管理能力的先决条件，无论在商场和战场上都是如此。

他们很清楚，这些年轻人到现在为止一直都有一种理性的回避恐惧的方法。教官们也同样知道，没有恐惧，勇气是培养不出来的。

刚刚踏入训练营的新学员们也许还有些爱冒险，有点冒冒失失，但是生活经验并不足以让他们应对战斗中的恐惧。他们必须事先体验恐惧，并学会在不断有恐惧出现时如何镇定自若。

在新学员训练营，每一项管理技能都是逐渐学会的，包括克服恐惧。他们经常进行信心训练课程，虽然只是训练，但其强度之大，以至于和平时期的西点学员无意识地就成了老兵。对不可知事件的恐惧，最容易导致队员们在作战前的焦虑，真枪实弹的艰苦演习破解了这种恐惧。

西点的高度临战状态也孕育出了勇气。在训练动员时，教官就全球范围内纠纷频繁的地区所作的简要通报以及反恐训练，在学员中形成了一种高度戒备状态，当西点学员知道自己很快就要参战时，他们的心里并没有那么恐惧。

商业战场上同样需要勇气，并且有时需要很大的勇气。商战虽然没有硝烟，但有时候其中的恐惧足以摧垮人的意志。通知客户将大幅加价、发货延误以及产品有缺陷，都需要勇气。带领公司进入未知领域需要勇气，拒绝在不公正的诉讼案中让步也需要勇气。

公司的管理者要想锻炼自己的勇气并培养员工的勇气，他们首先必须意识到，在日常充满欢笑的工作场所背后隐藏着恐惧。他们担心失去一份重要的合同、工作甚至家庭。他们不仅必须和其他竞争对手展开竞争，而且必须和公司内部觊觎他们职位的员工展开竞争。

在下属中，由于很少有人愿意主动地将自己置身于一些会给他们带来焦虑的情境下，因此也就很少有人有意识地去克服他们的恐惧。管理者必须让自己和员工经受各种极具挑战性的信心训练。他必须使这些体验成为一种强制性的团队体验，而且他自己必须带头。

每一位下属都会有一些对他们来说是难以逾越的障碍。公司管理者不需要针对每一位下属的特点确定勇气训练课程，他只需要选出针对某种共有的恐惧的训练方法。在通常情况下，严重的恐惧都已被克服，轻微的也就不算什么了。

公开场合发言，也许是最大的、也是最普遍的恐惧。心理学家认为，除了对死亡的恐惧，它是工业化社会中人们最广泛存在的恐惧。那些曾经面临过并且已克服这种恐惧的人，他们发现在自己的职业和个人生活的各个方面都能找到新的自信。

在某公司管理者组织召开的一周一次的会议上，员工逐渐承担了越来越多的发言任务。在这一过程中，管理者亲眼看到了员工性格的重大变化。那些过去迈着沉重的脚步走上发言席的员工，现在不仅为自己感到骄傲，而且完全摆脱了恐惧。

◇成为最勇猛的人◇

在战场中，真正的战士总是以攻克最难的阵地为最高荣誉和最终追求的。西点军校的学员们则是勇士中的勇士，他们有着最高的信仰、最强的荣誉感、最勇敢的精神。

西点军校教导学员们："一个人的思想决定一个人的命运。"无情的战场上需要勇敢的战士，竞争激烈的商场上同样离不开卓越的员工。员工能够勇于直面困难、解决问题是每个老板的期望。

有些人在遇到困难的时候，逃避责任，只喜欢做熟悉、没有难度的工作，注定只能成为"职场胆小鬼"这样的角色，而没有哪个老板会把重担交给一个胆小鬼。

正如爱迪生所说："失败也是我需要的，它和成功对我一样有价值。只有在我知道做不好的方法以后，我才知道做好的方法是什么。"正确的做法就是像西点学员那样：要敢于失败，敢于负责。

几乎每一个人，在追求成功与开创事业的时候都不可避免地要遇到失败，如果我们害怕失败那么将一事无成。失败并不可怕，可怕的是找不到失败的原因。

拿破仑·希尔曾经说："一个成功的人，最擅长做的事情就是探讨失败。探讨失败的原因，就等于寻找成功的方法。"

对于公司来说，员工忠诚、踏实虽然难能可贵，但是公司更为需要的是能挑战困难、战胜困难的员工。一个人要想有所发展，实现更大价值，那么无论什么时候，只要有可能，就要主动接受困难的任务，多承担些责任，不害怕失败。

吉姆·伯克晋升为约翰森公司新产品部主任后的第一件事，就是开发研制一种儿童所使用的胸部按摩器。然而，这种新产品的试制失败了，伯克心想这下可要被老板炒鱿鱼了。

伯克被召去见公司的总裁，然而，他受到了意想不到的接待。“你就是那位让我们公司赔了大钱的人吗？”罗伯特·伍德·约翰森总裁问道，“我要向你表示祝贺。你能犯错误，说明你勇于冒险。我们公司就需要你这种有冒险精神的人，这样公司才有发展的机会。”

数年之后，伯克本人成了约翰森公司的总经理，他仍然牢记着前总裁的这句话。

竞争如此激烈的职场，用行动积极争取，让周围的人和老板知道，你是一个不怕困难、意志坚定、敢于冒险、不断挑战的勇士。

◇没有人能够代替你◇

西点认为最出色的学员必须具备坚定的毅力和一马当先的胆魄。能与老板同甘共苦，又成绩卓越的员工，一定会受到老板的青睐。任何一个人如果想在老板心中占据不可替代的地位，那就需要你拿出出色的成绩。

西点英雄们在最困难的战斗中，表现出了一名战士的真正风采，也因此成为最重要的人。挑战最困难的战斗任务是西点学员最光荣的事，这同样也是他们的职责。

战胜困难的是强者，逃避困难的是弱者。要想在公司取得卓越的成绩，成为公司最重要的人，就要以西点军人为榜样，去做最艰难的工作。每个人都会遇到困难，但是对待困难的态度将决定你的前途。

在老板心目中，能够为公司开辟新的市场，开发新的产品，创造新的流程的员工是最得力的员工。没有他们的努力，公司只能稳定有余，却冲劲不足，在当今变化迅速得让人无法把握的竞争中是无法立足的，更别提发展了。

公司需要敢于接受困难、不断拼杀进攻、克敌制胜的员工。他们在团队作战时是冲锋的旗手；在孤军作战时，他们就是孤胆英雄。完成任务永远是他们最高的追求，他们是不达目的决不罢休的勇士。这样的员工在公司中数量不是很多，但却是最关键的中坚力量。每当公司遇到危险困难时，他们总是冲在最前线，为公司分忧解难，成为公司最不可或缺的英雄人物。

因战胜困难而被实际而长远地委以重任，这一切都来源于出色的业绩和表现。做别人做不到的事情，解决别人解决不了的问题，这是工作态度和工作能力的最有力的证据。只有如此，才会成为老板心目中最重要的人、最能干的人。

面对工作中的困难，必须勇敢接受挑战。缺乏探索性的工作只会削弱一个人的意志，产生不健康的心理影响。

对于普通员工来讲，意识到合理性错误的难以避免，不是给自己的错误找借口，而是要勇于承担责任。敢于承担风险，才能尽快成长。

担子越来越重，责任越来越大，老板的关注也越来越多，接受的困难任务会越来越多，在职场上的步伐自然越来越快。

◇临危不乱，处变不惊◇

西点学员都有临危不乱、处变不惊的心态，在残酷的训练中，他们练就了在任何危险和混乱的环境中保持镇定和从容的特性。这也是他们值得骄傲的一方面，他们之中有很多人之所以能够成为世界上著名的军事指挥家，与此不无关系。

临危不乱、处变不惊的心态对于经商者来说也是非常重要的，它可以使人们在危机面前不恐慌、不惧怕，勇往直前，甚至能够爆发出比平常更大的力量。

面临危机时，须保持临危不乱、处变不惊的心态，也就是奥纳西斯的强者心态，只有如此，才能审时度势，找到化解一切困难的方法。

处变不惊是比尔·盖茨成功的法则之一，在BASIC语言被盗后，比尔·盖茨没有一点慌乱、无助、暴躁等不良情绪。他只是用合理的手段夺回了属于自己的权利，把大将风范表现得淋漓尽致。

◇西点学生在操场上训练

1976年底，罗伯茨为了以高价钱出售他的密特斯公司，竟然声称已用20万美元买断了微软公司BASIC语言软件的版权。罗伯茨的行为严重违反了当初与微软公司所签订的协议：密特斯公司并非独家拥有

BASIC 语言软件的版权。

实际上，密特斯公司从来都不曾想过与微软公司和睦相处，始终在暗中占微软的便宜。

自从微软公司与密特斯公司合作以来，几个月过去了，微软公司发觉收入少得可怜。其原因是，当时复制、翻版软件之风甚盛，在那些发烧友的俱乐部中，互相交换软件复制被视为理所当然，完全没有自律和法律的约束。

再就是密特斯公司内部的经营手法问题。1975 年，不断出新招的罗伯茨开始利用巡回推广车进入各大城市展示，直接销售奥泰微电脑。

1975 年 6 月，密特斯的巡回车到了加利福尼亚的帕罗阿图市凯悦大厦，家庭玩电脑俱乐部的发烧友们听到消息，匆忙赶往家庭玩电脑俱乐部向罗伯茨讨公平。

当他们赶赴现场时，罗伯茨正在演示 BASIC 语言软件，期待已久的 BASIC 语言软件终于被他们见到了，可是密特斯公司不守信誉，迟迟没有供货。

其中一位发烧友在演示现场拾得一份记录了 BASIC 语言程序的打孔纸带，请专家设法复制成磁盘，就这样 BASIC 语言程序被广为流传，再也没有版权可言了。

当时软件还很稀少，复制软件对大家来说，根本算不上是一种偷盗行为，反而被认为是理所应当的事。

1975 年底，这件事情传到了盖茨的耳朵里，可他并没为此暴跳如雷，也没有立即对那些不劳而获的人们采取打击报复，而是在《奥泰微电脑用户通讯》上发表了一封公开信，内容是：

“你们是电脑发烧友，电脑硬件需要花钱买，而电脑软件则可以彼此分享，这是众所周知的。然而，你们可曾想过软件的开发者，他们艰辛的劳动是否得到了合理的回报呢？将他们的作品随意复制传播，是不是一种盗窃行为？谁愿意历尽艰辛用3年的时间来设计程序、检测程序的错误、编写操作手册，然而一觉醒来却发现，自己所做的一切的最终所有权却不属于自己，而被别人轻而易举地拿去复制散播呢？”

这篇文章发表后盖茨收到300多封回信，其中只有少数人向他表示歉意，并附上购买应付的费用，可大多数人则为自己的不良行为辩解。

更夸张的是，其中一个俱乐部竟指责盖茨在诽谤他们，欲将他告上法院。

发烧友们认为，他们之间互相传递体现出他们的博爱之心，绝对不存在盗窃的动机，如果没有奥泰微电脑软件，他们先前购买的奥泰微电脑就毫无作用。

1976年4月，为反击这种观点，盖茨在《“奥泰”微电脑用户通讯》上发表了第二封公开信，继续对这种行为提出指责。一方面是为了夺回版权，另一方面是为了使人们增强对版权的维护意识。因为很多先进的国家和地区都把软件和文艺作品列入同一类别，视作智慧的结晶，均加以保护。在这方面，盖茨可谓开了良好风气之先河。

1977年5月，帕特克公司正式兼并密特斯公司，并对外公布，今后有关BASIC语言软件的版权转让必须由帕特克公司签署。

听到这个消息后，正忙于与德州仪器公司洽商BASIC语言软件版权问题的盖茨和艾伦，立即做出声明要起诉帕特克公司。而帕特克公司的代表根本没把盖茨放在眼里，他们从容接受挑战。与资历雄厚的帕特克公司相比，微软公司显得有些势单力薄。

盖茨和艾伦在帕特克公司代表眼中，只不过是两个乳臭未干的毛头小儿，论经验和智慧，盖茨给人的印象似乎太幼稚了，难怪帕特克公司的代表趾高气扬。

法官宣布，冻结微软公司销售8080版BASIC语言软件的收入，在案件结束之前此项收入不得使用。

这政令的宣布对当时的微软公司来说是一个严重的打击，因为微软公司刚刚开发出6502版BASIC语言软件和公式翻译(FORTRAN)软件，而这两个新产品还没有打开市场销售局面。

这种情况下，北星公司和泰尼公司开发的另外两种BASIC语言软件投放市场，其销售收入可想而知。面对如此严峻的形势，盖茨并没有被打倒。

在这场官司中，他的父亲给他推荐了一位亚帕克基市的优秀律师，帮他办理此案。

通常这一类案件一拖就是数年，这样一拖对微软来说是一个重大损失，而微软公司所需要的正是时间，亟待早日裁决。

半年后，法院突然来了通知，告诉他们案件即将做出裁决。目前能否胜诉已经成了微软最为关注的问题，如果过不了这一关，对微软公司来说是一个极为严重的打击。

1977年12月，审判结果出来了。法院严厉斥责了罗伯茨和帕特克公司，指责他们肆意践踏合同法。微软公司胜诉，盖茨夺回了BASIC语言软件的版权。

无论是自然界还是人类社会，危险的情况总是客观存在的。有的人遇到危险慌慌张张，手足无措，结果错过了脱离危险的良机，陷入更加不利的境地。有的人沉着镇定，在紧急的关头保持冷静，凭借自己的智慧和勇气化解了危机。

军规十四　全力以赴，不留退路

决心是一个优秀的员工必备的素质。在困难面前一个好员工是下决心去战胜它，而不是选择逃避。优秀员工在行动之前会深思熟虑，慎加决断；而一旦选定目标，就会全力以赴，不留退路。做一名优秀员工，就要像西点学员那样，选定目标不回头。

◇破釜沉舟◇

西点毕业生美国前总统杰弗逊·戴维斯说："你别无选择，奔逃的退路上一样可能布设着陷阱、潜伏着敌人，退路往往比前进的道路更加艰难。"

西点学员从进校的第一天就被告知，在战场上他们是没有退路的，后退意味着失败，他们必须勇往直前。军人生涯就像一支离弦的箭或一枚出膛的子弹，西点学员永远也不可能踏上那条看似存在安全系数的退路。

西点军人绝不允许自己回头。每一个西点学员都懂得这个浅显的道理。他们一旦下定决心，就会在前进的道路上竭尽全力，毫不犹豫。在困难面前，他们会想尽一切办法去克服困难，而绝不做逃兵。

一开始就抱有退却念头的人是聪明人，但也绝不是能成大事的人。总想为自己留退路的人是意志力薄弱的体现。没有人不希望自己成功，坚强的意志是战胜一切困难的法宝。

恺撒大帝于公元前一世纪统率军队抵达英格兰时，下定了决不退回罗马的决心，并焚毁了运载他们的全部船只，从而振奋了士气，在英格兰取得了奇迹般的胜利。

恺撒大帝就是西点学员学习的楷模，他决不给自己留下退路。在西点人的字典里，绝不存在偃旗息鼓、仓皇收兵这样的字眼。

很多富豪愿意让自己的子弟到西点军校来接受磨炼，目的不是让他们成为军官，而是为了改造他们的纨绔习气，校方也就适应这一需要，开设了一个特别班，被称为“金融大鳄”的索罗斯的父亲自愿出 10 万美元，让索罗斯参加了这种特别班。

索罗斯在头一天就被黑人教官揍了无数拳，直到承认自己不是人为止。而作为毕业考试的超越死亡的长途行军更是让这些阔少爷们刻骨铭心。

他们不准带钱、干粮和水，途中也没有任何补给，只能自己采摘野果、野菜和捕捉小动物以维持生命，并步行 200 公里在一座指定的山头上找到一块写着自己姓名的小木板。凡是熬不住的人都有权自动退出，但是他们就拿不到特别班毕业的荣誉证书了。

一路上，许多人都败下阵来，只有索罗斯和其他几个人坚持了下来，第 5 天以后陆续完成了任务，他们都得到了荣誉证书，被承认为“合格的西点军人”。

西点军校的这一理念，不仅适用于培养优秀军官，也适用于培养企业的顶尖人才。第二次世界大战以后，美国的总裁一级的企业家有 1500 多人、总经理一级的有 2000 多人是西点军校毕业的。他们说："单一的 MBA 教育是培养不出优秀企业家来的。"

要想成为一名优秀的员工，首先就要有西点学员不给自己预留退路的决心，始终坚信自己一定能够成功，充分发挥自己的聪明才智，即使有退路也不回头，这样才能克服种种困难，在事业上取得伟大的成就，成为人们景仰的人物。

做一名优秀员工，就要向西点学员那样，选定目标不回头，在前进的过程中不断培养自己的判断力，并慎加决断，使自己的决策不致产生偏差，不使自己的努力徒受损失。

要想做一名优秀的员工，在工作中首先要有破釜沉舟的勇气，不断提升自己对于公司的价值，以及为将来能有更上一层楼的表现做好准备，每天不断地驱策自己向上，朝完美迈进。

◇下定决心才能有所作为◇

西点军校前校长伊·L·本尼迪克特曾说："你自己下定的决心，比任何别的事情都重要。"

西点学员被反复告知："如果你已下定决心要做一件事，事情就已成功一半，要时时记住，你自己下定的决心，比任何别的事情都重要。"

苏妲·莎是全球著名软件公司 SAP 的王牌销售员，自 2000 年以来，她每年都为公司带来 4000 万美元以上的收入。毫无疑问，这是个令人叹服的数字。

2000 年，苏妲想要半导体制造商 AMD 公司购买他们的软件，她和负责技术采购的首席信息官弗雷德·马普联系，可是，在一个多月的时间里，马普没有回过她一次电话。苏妲不停地给他打电话，最后，马普终于不耐烦了，通过下属明确告诉苏妲："死心吧，不要再打电话过来了。"

苏妲只好另想办法。她调动起自己的所有资源和关系网，看看能找到什么突破口。最后，她发现，AMD 的德国分部曾经购买过 SAP 的产品。这真是一线希望。苏妲联系到在德国负责这笔生意的销售代表，恳请他帮忙。

在苏妲的努力下，这位德国同事找到了 AMD 在德国的联系人，请他去美国出差时和苏妲见上一面。这次会见，苏妲使出了浑身解数，终于促成了她和马普手下一位 IT 经理的面谈，这位经理随后将苏妲介绍给了马普。

能够将客户的门敲开，只是在成交过程中的艰难的第一步。征服客户，使客户愿意掏钱购买，是更为关键的一步。苏妲在和马普见面后，认真地聆听了马普对新软件的要求，并向公司作了详细的汇报，和公司的研发部门进行了充分的沟通。她一边电话追踪马普的反应，一边推动公司产品的改进，最终，马普被她打动了。这笔交易，最后的成交额超过了 2000 万美元。

做什么工作都会遇到困难，决心是一个优秀的员工必备的素质。在困难面前一个好员工是下决心去战胜它，而不是选择逃避。

◇强者在困难面前不退缩◇

要想成为一名优秀的员工，首先必须意识到，在日常充满欢笑的工作场所背后隐藏着恐惧。如担心失去一份重要的合同，或失去工作甚至家庭。他们不仅必须和其他竞争对手展开竞争，而且必须和公司内部觊觎他们职位的员工展开竞争。

苹果电脑的主要创始人乔布斯的成功和他勇于追求心中的目标是不无相关的。

乔布斯读书勤奋，善于思考，曾以优异的成绩考上大学。由于经济拮据，几乎是半工半读，靠自己在业余时间做工来赚取生活费用。即使如此，他在 1974 年还是因经济所迫不得不中断了大学学业，未毕业就离开了学校。

乔布斯中断学业时，年仅 19 岁。他进入雅达利电视游戏机械制造公司，找到了一份工作。然而，他的志向并不在此。当时，微软电脑刚问世不久，在美国加利福尼亚的库珀蒂诺镇，一些业余爱好者正在组织“自制电脑俱乐部”。乔布斯虽然没有读完大学，但他已经掌握了不少知识，加上他对电脑技术颇感兴趣，在业余时间也一直刻苦钻研。此时，他经过认真思考，认为要干出一番事业，从事电脑行业是最好的选择。在当今世界科技发达之时，个人用电脑更是发展的一个方向。于是，他下定决心要独闯天下，在研究和开发个人用电脑方面大干一场。

他把这个想法告诉了自己的朋友瓦兹尼雅克。瓦兹尼雅克也和乔布斯一样，因经济所迫放弃了音乐学业，到一家仪器公司当了设计员。他们平时很要好，志趣相投，乔布斯说了自己的想法后，他俩一拍即合。于是，两个人立即着手筹备。

但他们俩手头上都没有钱，东拼西凑加起来就只有 25 美元。然而他们就是用这一点钱，买了一片微处理器，乔布斯把父亲的修车房作为工作室，两人便干了起来。这简直就像是两个小孩子在玩游戏。

然而，他们就是凭着 25 美元的资本，经过废寝忘食的奋斗，终于试装出一台微电脑，把它和电视机连接使用，可以在电视屏幕上显示出文字和简单的图形来。

他们为自己取得的这一小成果而感到高兴，于是把这台个人用微电脑送到自制电脑俱乐部展示，受到热烈称赞和欢迎。他们信心十足，接着就试制出一小批这样的个人用微电脑公开出售，竟然非常抢手，有一家电脑商店，一次竟向他们订购了 350 台。这给他们带来了发迹的机会。

从此，他们雄心勃勃，把自己一切可以变卖的东西全都卖掉，换取资本，又向当地的一家商店买了一批零件，用 29 天的时间，就创立了一个小小的微电脑公司。为了纪念乔布斯在半工半读的岁月里曾在一个苹果园里工作过，他们把公司命名为“苹果电脑公司”。后来，苹果电脑公司成了美国一家大电脑公司，而乔布斯则被誉为“个人电脑的鼻祖”。

强者们执著于自己的梦想，不怕挫折，不惧困难，在失败面前不气馁、不服输。成功和幸运，只垂青矢志不渝的强者。在追求成功的过程中，只要紧紧握住毅力和信念的利剑，胜利则非你莫属。

心理学家认为，除了对死亡的恐惧，对失败的恐惧可以算是工业化社会中人们最广泛存在的恐惧。那些曾经面临过并且已克服这种恐惧的人，会发现在自己的职业和个人生活的各个方面都能找到新的自信。

每一位员工都会有一些对他们来说难以逾越的障碍，因此需要根据自己的特点有意识地训练自己的勇气。

要想成为强者，不妨把梦想和目标定得高一些，怀着十足的信心和动力去面对新的挑战。

◇不计得失，全力以赴◇

在西点军校里，教官期望每个学员都能主动执行他的指示；而学员在执行教官的指示时，会与自己的某些利益发生冲突。

比如说在军事演练中，教官布置任务的时候会特别指定以其中的一个人为中心，这就要求其他学员在演练中尽力掩护这个人，一旦这个人取得成功，其得分就会上去，其他学员在得分上就会相对减少，这种利益冲突是难免发生的。当然优秀的学员会全力以赴，放弃自己的小利益，只有这样，才会使所在团队有更大成绩。

在工作上，如果每一位员工都能全力执行老板的工作指示，哪怕有时员工的执行会使他们的利益暂时有所损失，但对于企业的效益来说，无疑这种小利益的损失会换来大的收获。

有的员工一开始只是为了争取个人的小利益，但久而久之，当它变成一种习惯时，就会使人变得心胸狭隘、自私自利。它不仅对老板和公司造成损失，也会扼杀你的创造力和责任心。

每个人都会有很多的机遇，往往一个行为就让你错失了也许对你一生来说最重要的机会，而你还浑然不觉。

优秀员工和普通员工的区别在于，普通员工一般都会这么想："公司和老板为我做了些什么?"而那些优秀员工则会想："我能为老板做些什么?"大多数人都认为尽自己的能力完成分配的任务，对得起自己的薪水就可以了。但是，这还远远不够，要想取得成功，必须付出更多，才能获得更多。

如果一个人在工作时能全力以赴，不计较眼前的一点利益，不偷懒混日子，即使现在他的薪水十分微薄，未来也一定会有所收获。

一个人如果钻到钱眼里去，总是计算着自己到底能拿多少工资，总是将自己囚在装着工资的红包里，那他怎么能看到工资背后的成长机会呢？他又怎么能意识到从工作中获得的技能和经验对自己的未来将会产生多么大的影响呢？

刚开始工作的时候，你从事的只能是很琐碎的工作。你只有全力以赴地工作，才有可能得到提拔和重用。

不要计较得太多，多做一点对你并没有害处，也许会花掉你一些时间和精力，但是可以使你从竞争者中脱颖而出，你的老板、上司和顾客会关注你、信赖你、需要你，从而给你更多的机会。今天种下助人的种子，总有一天会结出甜美的果实，最终受益的还是自己。

全力执行，是一个员工做好每一件工作的前提，只要在自己的能力范围之内，就要100%地完成。全力执行，尽可能把这些事做得更好，自然会成为一名优秀员工。

军规十五　尽职尽责

西点军人绝不推卸责任、勇于负责的精神时刻激发着他们的潜能。责任感任何时候都不可或缺。责任感应该发自内心，是主人翁精神的一种；员工把公司事情看成自己的事业，他就会与公司荣辱与共。责任和荣誉是职业伦理的基本成分，无论做什么事情都要脚踏实地、尽职尽责，这是培养敬业精神的土壤。

◇绝不推卸责任◇

西点毕业生、德州大学校长詹姆斯•克拉克说："责任重于生命，我们的一生也许就是为了完成一个、两个或者更多的任务，履行我们的责任，尽管有些任务不可能完成，只要尽责就是一种荣誉。"

"是，长官，保证完成任务！"在西点军校，当一个学员说完这句话的时候，他也就有了完成这项任务的责任。西点军校坚信，没有责任感的学员不是合格的学员，没有责任感的公民不是好公民。

责任感任何时候都不可或缺。司令官要为学员树立榜样，要为下级的行动负责，甚至还有更多的责任。学员、下级也要以相同的责任意识和行动回报长官，这是做成任何一件事的基本条件。因此，西点在教育中，一刻也不松懈对学员责任感的灌输。每有对此攻击者，都会遭到毫不客气的回击。

许多从西点走出来的大人物都对西点赋予学员的责任感赞赏不已，不少人还从国家利益的高度对此加以肯定。

威灵顿曾说："我来到这里是为了履行我的责任，除此之外，我既不会做也不能做任何贪图享乐的事。"

责任感是一个人伟大的灵魂，没有了责任，一切都只是空谈。没有责任就没有尊重，没有责任更不可能有成功。

对一名公司的职员来说，责任就是对自己所负使命的忠诚和信守，责任就是出色地完成自己的工作，责任就是忘我地坚守，责任就是人性的升华。责任就是做好公司赋予你的任何有意义的事情，也是一种完成任务的工作态度。

一位曾多次受到公司嘉奖的员工说："我因为责任感而多次受到公司的表扬和奖励，我觉得自己真的没做什么，我很感谢公司对我的鼓励，其实担当责任或者愿意负责并不是一件困难的事，如果你把它当作一种生活态度的话。"

世界上很少有报酬丰厚却不需要承担任何责任的便宜事。想要一时不负责任当然有可能，但要免除世间所有责任可得付出巨大的代价。对大部分的职位而言，报酬和所承担的责任有直接的关系。

主动要求承担更多的责任或自动承担责任是优秀员工必备的素质。大多数情况下，即使没有被正式告知要对某事负责，也应该努力做好它。如果能表现出胜任某种工作，那么责任和报酬就会接踵而至。

有两种人永远无法超越别人：一种人是只做别人交代的工作，另一种人是做不好别人交代的事。总之，他们会成为第一个被裁员的对象，或是在同一个单调卑微的工作岗位上耗费终生的精力。

虽然听命行事的能力相当重要，个人的主动进取则更受重视。决定哪些该做，就应该立刻采取行动，不必等到别人交代。

凡是具有主动性的人，世界都会赋予他巨大的褒奖，不仅是钱，还有荣誉。主动性就是没被人告知却在做着恰当的事情。

有一类人，只有当他们被贫穷压迫得没有出路时，才会去做事。这类人只会遭到漠视，收入当然十分微薄。这些人一生中大部分时间都在盼望幸运之神会降临到自己身上。更次等的人，只在被人从后面踢时，才会去做他应该做的事，这种人大半辈子都在辛苦工作，却不停地抱怨运气不佳。

然而，还有比上述几类人更严重的。这类人即使别人走到他们面前向他们示范并且停下来督促他们做，他们也仍然不会用心做事。这种人永远不会得到老板的重视，也不会受到别人的尊重，失业、穷困的厄运会耐心地等待他们。

当你已经习惯了让别人替你承担责任，那么你将永远一事无成。当你少一些牢骚、少一些理由，多一份责任、多一份主动的时候，成功自然就会敲响你的门。

◇尽职尽责，爱岗敬业◇

西点军校坚信，一个没有责任感的学员不是一个合格的学员，责任感对于一个国家、一个民族、一个军队、一个企业都不可或缺。对于一名员工来说，责任是什么？责任就是对自己的工作尽职尽责，并且出色地完成。

每一个老板都喜欢那种能自觉遵守公司纪律，尽职尽责，爱岗敬业的员工，这样的员工不管老板在不在，都能坚持做自己的工作，而且他们会尽力把工作做好，永远不会在工作中偷懒。他们会默默接受上级传达的工作，力求把工作做到最好。这样的员工是每一个企业所渴求的。

沃尔玛超市的一个店长巡回工作的时候，发现一名员工对顾客的态度非常冷淡，并且有时候还对顾客发脾气，让很多顾客感到很不满。这位店长在问清楚事情的缘由后，对这位员工说："顾客是上帝，你的责任就是为顾客服务，让顾客感到满意，并且能让顾客下次还能到我们这里来购物，但是你的行为却恰恰起到反作用，你的这种态度只能把顾客赶走，你这样做，不但没有履行自己的责任和义务，而且还有损于公司的利益。一个不把自己当成公司一分子的员工，公司也不能把他当成是自己人，所以你可以走了。"这位缺乏责任意识的员工终于尝到了他自己种下的苦果。

尽职尽责，忠于职守，是对一个员工的最基本要求，也是最重要的要求。履行职责给每个人可以成功的机会，也是每个人实现梦想的一种途径。只要你尽心尽力，尽职尽责，就可以成功。

那些成功人士大都是这样的：他们具有高度的责任心，对待工作一丝不苟，并且永远充满激情。他们取得的成功没有一丝一毫的虚假成分。

如果你想成为一名值得老板信赖的员工，就必须要对待工作尽职尽责，并且尽力做到最好。认真做好自己的工作、兢兢业业地完成自己的工作是成功者必备的品质。所以，不管从事什么样的工作，都应该尽职尽责，求得不断的进步。

有些员工本来具有出色的工作能力，却因为没有尽职尽责的工作精神，经常出现一些问题，结果，让很多大好的机会白白流失。而另外有一些人，刚开始在工作中表现得并不出色，但为了改变自身的境况，他们全身心地、尽职尽责地投入到工作之中，想尽一切办法把自己的工作做得完美。结果，在事业上取得了一定的成就。

唐骏现在已经成为当今 IT 界的精英。他刚进微软时，担任一名最基层的程序员，成为微软里千千万万个职员中极不起眼的一小分子。

微软当时正在开发 Windows，先做英文版，然后再开发其他语言版本。开发版本是个非常繁琐的工作，仅仅开发一个中文版本就用了大半年的时间。所以在 Windows 英文版上市之后，中文版过了 9 个月才上市。埋头开发几个月后，唐骏心想这样下去实在是又费力气又延误商机，而且成本也太高。能不能改变一下？唐骏下班后就开始想解决这个问题的办法。

后来，他写出了几万行代码，反复运行，经过检验符合要求，他才找老板面谈。公司花了 3 个月时间进行认证，证实他的程序是没有问题的，于是决定由他带领团队进行研发，以前的庞大团队一下子缩减为 50 人，最后唐骏凭着出色的业绩和对待工作尽职尽责的精神得到了很大的提升，从微软一个不起眼的小职员做到总裁的位置，还获得了微软的“比尔·盖茨终身成就奖”。

唐骏用他的行动证明了对待工作尽职尽责的好处，要想成功，必须从最基本的工作做起。

一个尽职尽责、爱岗敬业的人，在工作过程中就会不断发掘自身的潜能，做出优异的成绩。而一个得过且过、经常偷懒的员工，即使有很高的能力和水平，但时间久了也会逐渐变得平庸。

所以，无论是怎样的学历和水平，无论曾经做出过怎样的成绩和贡献，都应该树立一种尽职尽责的工作态度，尽力把工作做到位，慢慢地，就会在公司中脱颖而出，成为一名佼佼者。

◇培养好的工作习惯◇

西点毕业生威廉·B·富兰克林曾说：“如果你仍然延续你的旧习惯，那么，你只能成为生活的奴隶。”

好的习惯来自于日常的积累。在西点军校，许多校规看起来是那么的苛刻而不近人情，但正是这些严格的教条化的管理，才让学员养成了良好的习惯。

西点教官教导学员们，不要让没有用的东西出现在你的视线之内。的确，在工作的时候，如果能消除没有用的因素的干扰，一定可以提高工作效率。

石油大王保罗·盖蒂有一段时间迷恋上了吸烟，有一次，他去英国度假，不巧天下雨了，于是他就找了一家小旅馆住宿，由于白天疲劳过度，所以晚上很快就睡着了。

睡到半夜的时候，突然被吵醒了，再想入睡就很难了，于是盖蒂非常想抽一根烟。当他伸手在随身携带的行李中寻找烟的时候，却一无所获。

抽烟的欲望不断侵蚀着他，于是盖蒂脱下睡衣，开始穿外衣。当他换好衣服伸手去拉门的瞬间，突然停了下来，并且开始大笑。他突然发现自己的行为荒谬至极。

盖蒂心想："一个所谓的成功商人，一个自认为有足够理智对别人下命令的人，竟要在三更半夜冒着大雨走过几条街，仅仅为得到一包烟。"

盖蒂意识到，他已经养成了这个习惯，他愿意牺牲极大的舒适去满足这个习惯，而显而易见的是这个习惯没有任何好处。

于是他很快做出决定：他把那个仍放在桌上的烟盒揉成一团，丢进废纸篓里，然后脱下衣服上床睡觉，并带着一种解脱、胜利的感觉。自那以后，盖蒂再也没有抽过一支烟。

人们有时常常做一件小事，在不知不觉中就会养成某种习惯，而习惯的力量是相当大的，它会使你的思想成为它的俘虏，但人也都有一种不小的缓冲，同样可以以坚强的意志克服掉坏习惯。

历史上很多名人都有因改变习惯而成功的故事。萧伯纳坚持"该先做的事情就先做"的习惯而使他成为著名的作家；约翰·洛克菲勒坚持工作劳逸结合的习惯，使他成为了全世界拥有财富最多的人之一。

在工作中，如何才能消除那些没有用的因素，形成良好的习惯呢？首先要学会处理文件，对文件清理规整。处理文件看似容易实则繁杂，很多人有时候甚至无从下手。要想成为一名优秀的员工，就必须提高自己的工作效率，并将所有文件集中在一个适当的地方存放。

大多数人常把文件胡乱堆放在一起，等到用的时候怎样也找不到，翻来翻去用去很多时间，这样就浪费了很多宝贵的时间。要学会做标记，不要重复，也不要杂乱无章。

还有不要积压文件。积压太多的文件会让人无法专心工作。大多数人都会把重要文件放在醒目的地方，他们担心会忘了文件上所提到的工作或职责。这么做也许并没错，可是这不能构成积压文件的理由。最好的办法是保持桌面的整洁。在某些情况下，只需专注于某一件重要的事，而不受其他因素的干扰。

习惯人皆有之。不论是在生活中还是在学习工作中，习惯可以说是无处不在。每个人都不能轻视习惯的作用。良好的工作习惯，是一个人走向成功所必需的利器，而坏习惯则是通往成功之路的绊脚石。

◇把工作当事业来做◇

西点毕业生、美国在线前首席执行官詹姆斯·金姆塞说：“如果工作时缺乏热情，只是为了薪水而工作，很可能既赚不到钱，也找不到人生的乐趣。”

走上工作岗位后，西点学员始终秉承着一种积极的态度来对待工作。西点传授给他们的理念就是：把工作当事业来做。

世界上没有令人讨厌的工作，只有令人讨厌的工作态度。一个人的工作态度折射着他的人生态度，而人生态度决定一个人一生的成就。

能够把工作当做事业来做是一种最难得的品质。那些能把工作当做事业来做的员工，都很努力地工作。在本职工作之外，他们还积极地为公司献计献策，尽心尽力地做好每一件力所能及的事。而且在危难时刻，这种工作态度会显现出它更大的价值。能与企业同舟共济的员工，他的工作态度会让他达到我们想象不到的高度。

有人天生就有敬业精神，任何工作一接手就废寝忘食，但有些人的敬业精神则需要培育和锻炼。如果你认为自己的敬业精神不够，那么就应趁年轻的时候强迫自己敬业，以老板的心态对待公司，经过一段时间后，敬业就会变成习惯。

有这样一个故事：

路人问三个砌墙的石匠在做什么？

第一个石匠说："我每天都在枯燥地搬石头砌墙。"

第二个石匠说："我的工作很重要，我要把墙垒好，这样房子才结实。"

第三个石匠则目光炯炯地说："我的责任十分重大，这是镇上的第一所教堂，我要将它建成百年的标志。"

只把目光停留在工作本身，即使从事最喜欢的工作，依然无法持久地保持对工作的热情。把工作当做一项事业来做，使自己的职业生涯与事业联系起来，就会觉得自己所从事的是一份有价值、有意义的工作，并且从中体会到神圣的使命感和成就感，从而彻底改变浑浑噩噩、得过且过的工作态度。

把工作当做事业来做，或许不能立即为你带来可观的好处，但可以肯定的是，不能把工作当做事业的人，成就相当有限。因为散漫、马虎和不负责任的做事态度已深入他的意识与潜意识，做任何事都会有随便做一做的直接反应，结果可想而知了。

每个人都想获得成功，决定成功的因素有很多，但选择自己的态度是最核心的因素。不同的态度，产生的人生体验和结果是截然不同的，因为心态可以影响我们的认知方法。积极的心态可以帮助我们战胜自卑和恐惧，可以帮助我们克服惰性，可以帮助我们挖掘自己的潜能，可以帮助我们提高工作的质量和效率。

那些自信、乐观、积极向上的西点学员，无论做任何事情，都干劲十足，这样，就能给自己创造更多的机会，专心致志地把任务完成得更好。一个人对待工作的态度比工作本身更重要。如果一个员工总是抱怨工作太多，如果他总把自己的工作看成是奴隶在奴隶主的皮鞭督促下的劳动，如果他对工作没有热情，那么工作任务的完成将无比艰难。

爱默生说过这样的话："多数人都是寂静地活在消沉之中。"在与许多人的交谈中，发现竟然有那么多人对自己的工作感到无奈，想得到的得不着，想避开的却躲不掉，在办公室里过得极为无趣无味。

一切情绪都来自于自己。很多人都这么以为，一切希望得到的情绪都必须等候，譬如说，有些人除非真得到了所企求的东西，否则就不觉得感受到爱、快乐或信心。

在西点学员看来，活着就是为了使自己更健康。负面情绪会让人觉得不舒服，因为你对别人的期望过高，所以造成一些负面情绪。

要坚信每一个问题之中都藏着解决的办法，只要真正拿出行动，用积极的心态去面对，事情就终有解决的时候。当困扰消失后，内心便会油然升起一份快乐。

工作并不仅仅是谋生的工具，也不是不得不做的苦役。工作是人的事业，是人的使命；工作更意味着责任和尊严。

无论在工作还是生活当中，都要像西点军人那样，保持一种主动精神，就是没有人要求和强迫，却依然能够出色地完成自己的任务。

能把工作当做事业来做的员工能从工作中学到比别人多的经验，而这些经验便是员工向上发展的垫脚石，就算以后从事不同行业也必会为你带来帮助。因此，把工作当做事业来做的人，从事任何行业都会取得很大的成功。

◇一切责任都源于忠诚◇

西点军校著名教官杰罗姆·贾尔斯将军说：“军人必须在军队中奠定自己的事业。只要自己是军校的一员，就应该抛弃任何借口，投入自己的忠诚，履行自己的职责，将身心融入西点军校，尽职尽责，处处为西点着想。”

忠诚是西点军校的校训，没有忠诚度，就不是一个合格的学员。在西点，无论是教官还是学员，都要忠诚于西点军校，忠诚于自己的使命和责任，尽心尽力完成自己的任务。

一项调查表明，忠诚是一个员工最应该具备的品质。确实，任何一家大企业的发展和壮大都是靠员工的忠诚来维护的，只有忠诚的员工才能发挥团队的力量，推动企业走向成功。

科尔顿说：“人生中只有一种追求，一种至高无上的追求——就是对忠诚的追求。”

朗讯 CEO 鲁索说：“我相信忠诚的价值，对企业的忠诚是对家庭的忠诚的延续，我从柯达重回朗讯，承担起拯救朗讯的重任，这是我对企业的一份忠诚。我一直把唤起员工对企业的忠诚作为自己努力的目标。或许只有忠诚才具有这么大的号召力。”

忠诚是个人生存发展的重要能力，也是企业选择人才的一个标准，一个忠于企业并且具有非凡的能力与才华的人必然会得到领导的信赖和赏识。

世界很多顶级的 CEO 都把忠诚作为企业文化的重要部分，用来增强企业的凝聚力。

在选择人才的时候，麦当劳公司总裁克罗克非常看重一条原则，那就是员工对麦当劳的无比忠诚。

曾经有过这样一件事让他对此深有感悟。在没有创建麦当劳之前，他曾与一个推销员合伙做折叠椅的生意，后来他发现他的秘书与合伙人竟然背着他制造了一种类似的产品，并把它推向了市场，克罗克一气之下就终止了与推销员的合作，并解雇了那名秘书。

当克罗克把麦当劳公司经营得非常红火的时候，那个曾经与他合作的合伙人想投靠克罗克，但被克罗克断然拒绝了，他对那个推销员说：“一个人可以原谅别人偶尔犯一次错误，但绝对不能原谅不忠诚的行为。”

麦当劳的经营理念就是：忠诚是一个人安身立命之本，如果缺少了忠诚，即使你再有才华，再有能力，也没有了用武之地。

一个缺乏忠诚的员工是不会受到企业欢迎的，企业永远不喜欢那种背叛企业的员工，因为员工一旦背叛企业，企业将会遭受无法估量的损失。

格兰特所在的公司马上就要破产了，同事们都选择了离开，只有他还坚守在自己的岗位上。老板约翰最后对他说："格兰特，赶紧再去找一个新的工作吧，这次公司真的不行了，别把自己耽误了。"格兰特却不这么认为，他觉得只要公司还在，就要坚守自己的岗位，做好自己的工作。最后公司彻底倒闭，格兰特才告别约翰，开始寻找新的工作。

当他到失业中心登记的时候，有关负责人告诉他，已经有一份工作等着他去赴任了。原来是他的前任老板约翰为他的忠诚所感动，早已经在他失业前帮他填好了简历，正好有一家公司招聘主管，约翰就把格兰特忠于职守的事告知了这家公司的招聘人员，他们认为像格兰特这样忠诚的员工正是他们所需要的，于是决定直接录用，省去了面试的环节。格兰特的忠诚让他得到了应有的回报，他的工资也因此上涨了很多。

◇张瑞敏

忠诚是一个人的无形资本。一个忠诚的员工才能获得老板的信任和赏识，因此也就有更多的晋升机会。一个缺乏忠诚的人，没有人会把一些重要的事情交给他去做，这样也就失去了很多宝贵的机会，可以说放弃忠诚就是放弃成功。

海尔之所以成功，有人总结出两个重要的原因，那就是忠诚和责任。尽管海尔没有明文规定这两个重要的原则，但在海尔员工的身上能明确地感受到这两个方面。因为忠诚和责任并不是说说而已，而是体现在踏踏实实的工作过程中。

在家电行业，海尔的售后服务质量可以说是首屈一指。一位做售后服务的员工说："我们必须在客户有了要求之后20分钟内到达客户所在地，并且把问题很好地解决掉，这是我们的责任和义务，我们必须让海尔的每一个顾客都感到满意，让所有人都觉得海尔真的很棒。"有人问道："为什么会这么做？""我是一名海尔的员工，我必须忠诚于我的企业，绝不能做任何有损于企业形象的事。"这就是海尔员工的回答。

正是因为每一个海尔员工都这样忠诚于海尔，才有了海尔今天不可撼动的地位。海尔员工为海尔公司骄傲，海尔公司也为海尔员工骄傲。

现今社会，到处都充满着诱惑，人很容易背叛自己的集体。所以，能够保持忠诚就显得弥足珍贵。忠诚是一种优秀的品质，每一个领导都希望自己的员工对企业忠诚，因为员工的忠诚可以降低企业的很多风险。

责任感源于忠诚。没有忠诚，责任感就无从谈起；没有责任感，就会在引诱面前把握不住自己。事业就会土崩瓦解，最终只能在一片废墟中独自哀叹，所以说，背叛集体的最大受害者将是背叛者自己。

责任，从本质上说，是一种忠诚，它伴随着每一个生命的始终。事实上，只有那些忠诚的人，才有可能获得更多的成功机会，才有资格获得更大的荣誉。一个缺乏忠诚的人，首先失去的是社会对他的基本认可，其次失去的是别人对他的信任与尊重，甚至也失去了立命之本——信誉和尊严。

普通员工与忠诚的员工的差别不仅体现在追求利益的理念上，更体现在对待责任的态度上，责任感是区别忠诚的员工与普通员工的重要标准和依据，忠诚的员工不一定是专业型人才，但肯定是责任型人才。

由于人和人之间的不同，有的人能够承担责任，有的人不愿意承担责任。但这不能否认每个人都有不可推卸的责任这个事实，一个人对责任的推卸会使得更多的人捍卫忠诚，就是捍卫一个人不可推卸的责任。心理学认为，责任是对归属感的一种确认。当一个人确认自己属于某一个集体，这个集体可以是家庭，可以是企业，也可以是社会，只要他确认自己属于这个集体，他就会为这个集体承担责任。

作为一名员工，一定要对公司忠诚。要明确自己的职责所在，为公司争取利益，也就是为自己争取利益，因为只有公司的效益好，员工的待遇才会好，所谓水涨船高就是这样的道理。

只有时时为公司着想、对公司忠诚的员工才能得到老板的青睐，才会得到更多的发展机会，进而获得事业上的成功。

军规十六　肯定自己

要想出人头地，首先就要肯定自己。公司决策者更需要坚定的信念和敢于冒险的精神；信念产生信心，信心给人力量。西点对竞争的唯一要求就是获胜，只在乎结果而不在乎过程；追求成功的同时，做好心理准备，万一失败即正视现实。

◇只要去做，没什么不可能◇

西点毕业生、美国在线前首席执行官詹姆斯·金姆塞说过：“勤于动脑、敢于创新的人，才能争取竞争的主动。”

戴高乐曾说：“困难，特别吸引坚强的人。因为他只有在拥抱困难时，才会真正认识自己。”

巴顿将军说：“当我对战斗的决心和信心犹豫不决的时候，我会义无反顾地去选择战斗。”

对西点人来说，这个世界上不存在“不可能完成的事情”。西点学员每天都在尝试。他们认为只要用智慧去做，只有想不到的事，没有做不到的事。

美国布鲁金斯学会曾经有一位名叫约翰·赫伯特的学员，成功地将一把斧子推销给了小布什总统。布鲁金斯学会得知这一消息，把刻有“最伟大的推销员”的一只金靴子赠予他。

布鲁金斯学会以培养世界上最杰出的推销员而著称于世。布鲁金斯学会培养了数以万计的推销员，造就了数以千计的百万富翁。

美国钢铁大王安德鲁·卡内基在描述他心目中的优秀员工时说：“我们所急需的人才，不是那些有着多么高贵的血统或者多么高学历的人，而是那些有着钢铁般坚定的意志、勇于向工作中的‘不可能’挑战的人。”每一位在职场中拼搏并希望获得成功的员工，都应该把这句话铭刻在自己的脑中。

如今享誉全球的麦当劳公司就是在莫里斯·麦当劳和查特·麦当劳两兄弟不向困难屈服、敢于向“不可能”挑战的精神中诞生的。

20 世纪 20 年代，一对“不安分”的麦当劳兄弟毅然告别乡村老客，勇闯美国著名影城好莱坞。

1937 年，历经多次挫折的兄弟二人，抱着永不服输的念头，借钱开办了全美第一家“汽车餐厅'，由餐厅服务员直接把三明治和饮料寄送到车上，也就是说，麦当劳兄弟二人最初办的是路边餐馆，采取的是服务到车、方便乘客的经营方式。

◇安德鲁·卡内基

由于形式独特、用餐方便，餐厅很快一炮打响，一时间他们的

“汽车餐厅”在当地独领风骚。后来人们纷纷效仿，办“汽车餐厅”的人日渐增多，麦当劳兄弟的生意火不如初，而且每况愈下。

在激烈的竞争面前，麦当劳兄弟没有丝毫的退缩、沮丧和消沉，而是冥思苦想再一次超越自己的良策。他们摒弃了原有的“汽车餐厅”的服务理念，转而在“快”字上大做文章，打出了“想吃花哨和高档的请到别处去，想吃简单实惠和快捷的请到我这里来”的经营理念，又一次赢得了成千上万顾客的光顾。

但是兄弟二人并没有满足现状，而是继续敢想敢干，比如后来推出使用的小纸盘、纸袋、一次性餐具等等。

麦当劳兄弟这种不断超越自我的勇气和决心，使得他们把别人认为不可能做成的事情变为可能，从而成为快餐业的霸主。

勇于挑战“不可能”的事情，是一个人事业成功的基础。一个人的思想决定一个人的命运。一个优秀的员工，不要轻易放弃，而要寻找解决的办法，因为世界上没有什么不可能。

◇挑战不敢做的事◇

在西点学员眼中，从来就没有什么不敢做的事情，任何困难在他们面前都不是问题。学员们在训练中不断战胜自己，他们总能敢于挑战原来不敢做的事情，也许，这也是他们能够在日后有所成就的一个重要原因。

美国人派吉曾说：“只为今天，我要用三件事来锻造我的灵魂：我要为别人做一件好事；我还要做一件我并不想做的事；更重要的我要做一件我不敢做的事。”

西点学员在训练过程中克服的困难是惊人的，其精神和态度令人敬佩。

在工作中，有些员工有很多畏惧的事，自己给自己设下了重重的限制。

西点学员们在训练中不断战胜自己，他们总能敢于挑战不敢做的事。在他们眼中，从来就没有什么不敢做的事情，任何困难在他们面前都不是问题。

在西点的训练课程中，学员们总是一次次挑战自己以前从来不敢做的事情，训练多了，他们对于任何事情都不再恐惧，在遇到问题的时候，总是能够迎难而上，不再犹豫。

西点学员在训练过程要克服很大的困难，但他们从来不退缩不气馁，他们的精神是令人敬佩的，也是值得每个人学习的。

然而在工作中，很多人都是畏首畏尾，遇到没有做过的难题就退缩，自己把自己吓倒。其实有时候事情并没有想象的那么难以克服，只要勇敢地迈出第一步，以后的问题就很容易解决了。但在这个过程中需要勇气和力量。

任何事情看起来很难，其实不然。许多事情难就难在走出第一步，难在第一步所需要的勇气、决心和力量。然而许多人不自信，由于自我设限，遇到困难的事总是望而止步，一旦做了就会发现并没有什么大不了的。去做不敢做的事，本身就是克服恐惧、建立信心的最佳良方。困难的事不去做，永远不会提高。

勇气并非与生俱来，西点军人也是一样，许多人本身能力并不差，但是因为不敢走出第一步，而失去了很多锻炼自己、提高自己的良机。

在工作中也是这样，不敢冒险的人，最终的结果只能使自己在公司的舞台上越来越渺小。不敢迈出面对困难的第一步，也许缘于害怕做不好那件工作，担心失去老板的信任，实际上失去的却是整个职业前途。

尝试是克服恐惧的一剂良药，先从工作中的小事做起。无论以后遇到什么性质的会议，每次都要主动发言，也许是工作总结，也许是建议或提问，都不要错过机会。

20世纪初，一直以自由著称的美国，却要求妇女束胸，并且以胸部平坦为美，尤其是少女。为了成为别人眼中文雅、贤淑的“标准美女”，女孩子从小就把胸部紧紧地包扎起来，这是一种很难忍受的痛苦。即使不是因为美，也没有选择的余地，因为一个高高耸起胸部的女人，被归类为下等人，被认为没有教养，甚至在社会上受到鄙视。

就在这时，美国妇女们的救星来临了，她是一位叫依黛·罗辛萨尔的俄国商人。依黛童年时背井离乡来到美国，二十几岁就早早地结婚了。婚后不久，对服装有着浓厚兴趣和爱好的她，在她居住的新泽西州开始了她的最初事业——经营服装。

开店后，依黛在服装设计上苦下工夫，她有时甚至坐在马路边，观察过往行人的服装款式和人体特征，然后把观察的结果记下来，在这些基础上进行创新，设计出新潮款式的服装，然后再出售。结果竟然比想象中更成功，店里的顾客越来越多，生意越做越好。3年以后，她已经小有积蓄，考虑到发展前景，依黛决定到当时美国的服装中心纽约发展。到纽约后不久，由于依黛的服装设计很独特，一位很富有的邓肯太太非常欣赏她，于是拿了一些资金和依黛共同开了一家服装店。

依黛却在想：虽然目前自己设计的服装还算时尚，可是时间一长，这样的服装越来越多，竞争会越来越激烈，那样一来，服装店的生意肯定不好做。只有赶在别家公司的前面，设计出更新颖的款式，才能够让自己的服装店开得红火。

早已对妇女服装业不满的依黛，开始从如何冲破传统服饰上思考，经过长时间的观察，她把注意力集中在束胸妇女的身上，认为这可能是开拓市场的重要突破口，因为束胸给妇女们带来极大的痛苦，如果设计出可以解除束胸痛苦的服装，那么就一定会大大地打开纽约甚至整个美国的市场。但同时，她也想到了这是在打破旧传统，其阻力可想而知。于是她决定采取循序渐进的方式，以免招致惨败。

深思熟虑过后，依黛想出了一个折中方案。她设计出一种小型的胸兜，可以代替当时妇女们用的捆胸束带，为了掩饰高耸的乳房，她在上衣胸前缝制两个口袋。这种设计在一定程度上减轻了女性的束胸之苦，因而这种服装成了畅销货，并且由于巧妙的掩饰设计，并没有引起社会上的指责，所以依黛初战告捷。

如此一来，依黛的创作激情更加高涨，思考空间也一下子扩大了许多。除了赚钱之外，为了冲破世俗偏见，她下决心设计出一种彻底解除女性束胸之苦的服装，从而开创出一个更加适合妇女天性、自然美丽、大方得体的女性服装时代。

依黛充分发挥自己的想象力，在她设计的胸兜的基础上，加以引申发挥，没过多久，具有一定意义的、标志女性解放的胸罩诞生了，整个过程并没有遇到什么困难。但是，胸罩做好后，还是让依黛犹豫了，甚至还有些恐惧：自己真的能够冲破传统吗？一旦遭到社会的抵制，不但赚钱不成，服装店也得就此关门。可是，如果不将其投放到市场，那么自己的辛苦不就付之东流了吗？自己的理想不就永远也不能实现了吗？依黛经过多日思考，终于下定决心，“舍不得孩子就套不住狼”，为了预期的目标，不管怎样也要拼上一拼，于是就把这种服装投放市场了。

这样，全美国别具意义的胸罩在纽约市场上出现了，“意料之中又是意料之外”的情形出现了，胸罩很快被抢购一空。而最初担心的问题竟然没有发生，虽然也有少数人对其持批评态度，可是并没有引起强烈的抵制，最担心的那些报刊舆论也没有出现，相反的是胸罩一批接着一批地上市，一直呈供不应求的趋势，销售直线上升，市场越来越大。没几年的时间，公司由十几名工人增加到数千职工，销售额上百倍地增长，并且打开了整个美国市场，即便是在第二次经济危机袭来时，依黛的胸罩业仍然充满生机，不但实现了依黛开创女性服装时代的梦想，而且创下服装史上空前未有的业绩。

依黛凭着她精湛的设计技巧、智慧的头脑，发现了这个潜在的、符合人性的商机，敢想敢干的她终于步入了成功的殿堂，成为了时代强者。

去做不敢做的事，本身就是克服恐惧、建立信心的最佳良方。只要有不敢去做的工作，就说明还存在着一些缺陷和不足。当你鼓起勇气做了这件曾经让你害怕的事情，那么你就已经进步了、提高了。当你坚定地走出了第一步，你就已经迈进了成功的门槛，在不远的将来，你会成为一位充满信心、勇气的职场勇士了。

当然，人的勇气并非天生就有的，很多人本身能力并不差，但是因为不敢走出第一步，失去了很多锻炼自己、提高自己的良机，这样就使得自己在竞争中不断失利。

在工作中也是这样，不敢冒险的人，最终的结果只能使自己在公司的舞台上越来越渺小。

也许你还有很多过去不敢做的事，那就列个困难清单逐个向它们下战书，让你每天都有进步。总有一天你会把所有的不敢做都变成敢做，到那时，一个面目全新的你就诞生了。

◇熟悉你的对手◇

西点军规中有这样一句话："如果敌人在你的射程内，别忘了你也在他的射程内。"在军事对抗中，要熟悉你的对手，做到知己知彼，才能百战不殆。

在商战中也一样，只有充分了解竞争对手，才能在变化莫测的商战中稳住脚跟。

在李嘉诚参与香港地铁站上盖投标时，参与竞标的有置地、太古、金门等几个大型英资企业，而且在当时，香港商界人士常说："撼山易，撼置地难！"意在说明置地在人们心目中已经根深蒂固了，任何一家企业也别想与之抗衡，更别说打败它了。

但是李嘉诚还是非常想与之较量一下，因为如果这次投标成功的话，长实的声誉就会扶摇直上，于是他开始积极地行动起来。他知道"知己知彼，百战不殆"的道理，所以，他彻夜不眠地翻阅关于地铁及几家参与竞标公司的材料。他从中发现，在所有竞标的公司中，置地夺标的呼声最高。

要想成功，就必须打败置地，但与这个庞然大物对阵，确实有一定的难度。因为置地的本部就在香港中区，拥有10多座摩天大楼，并且有位于未来中环地铁车站两翼的怡和大厦和置地广场，中环车站又恰恰在遮打大道上，而遮打花园广场就在遮打道的南侧。仅凭这条街道的名称及主人，就能推断出置地在中区的影响力。

在置地还没有公开声明要竞标时，很多报纸就评论说，置地定能夺标，置地的竞争者只能落得"鸡蛋碰石头"的下场。事实上，报纸这样写也算不上是唱高调，因为金钟站简直就在置地的眼皮子底下，它离遮打花园广场只有短短的100多米。只要再得到金钟车站的兴建权，那么就成功地置入了中区的心脏部位，所以要想夺标就只能先压住置地这只坐山虎。可中国有句古话叫："卧榻之侧，岂容他人酣睡？"置地凭借雄厚的财力，不会容许其他财团涉足。

要想打败置地谈何容易，但李嘉诚转念又想：志在必得的置地会不会大意失荆州呢？

置地的创始人之一是凯瑟克家族的杰姆·凯瑟克，凯瑟克家族又是怡和有限公司的第一大股东，他们主张把发展目标放在海外。这样一来身为两局大班的纽璧坚，就受到股东老板的制约，在决策上必定会有所顾忌。置地这个不易洞察的薄弱之处被李嘉诚看在眼里，而好多人却被置地强大的外表蒙蔽双眼，并没有想过自负的置地是否会仔细考虑合作方的要求，是否会平等地与合作方洽谈有关事宜。

虽然香港地铁公司是一家直属港府的公办公司，但是它不同于同期内地的国营企业单位，内地的国营企业是国家包揽一切，而港府公办公司没有政府包办这一说，政府只是给予少许的专利和优惠，其他的由企业自己遵循正常的市场法则，去筹集资金、设计施工、营运经营，发展各项业务。

李嘉诚还了解到，香港政府工务局对九龙湾车站和即将兴建地铁站的中区邮政总局原址两块地皮做了估价，二者合计估价约6亿港元，地铁公司将会以原价得到这两块地皮，然后再通过商业渠道，发展地产，获取兴建地铁的资金。

但是，目前的状况是，香港政府虽然以估算的原价将中区邮政总局原址地皮批给地铁公司，但是它要求地铁公司全部用现金支付，地铁公司似乎非常为难，一直想把现金支付改为支付一半现金，另外一半用其他方式支付。但经过多次洽谈，仍未改变这个结果，可见港府的坚决。无奈之下，地铁公司就用高息贷款支付了地皮，从这一点可以看出，地铁公司的现行资金应该非常紧张，当下急需现金偿还贷款，才能坐享更大的利润。

从了解到的情况，李嘉诚清楚地意识到，若想夺得金钟站地铁开发权，首要条件就是现金支付。于是，李嘉诚想到了克敌之法，那就是首先满足地铁公司急需资金回流的渴望，主动在投标书上提出，长江实业有限公司将单方提供现金做建费。其次，待大厦建成后，马上全部出售，所得利润，地铁公司不均等分享，地铁公司占51%，长江实业占49%。这样一来，虽然其他竞争对手也会想到将两个地盘设计成一流商业综合大厦，也有兴建大厦的能力，但是应该不会有这样不“贪财”的公司，置地更不会有这个可能，所以李嘉诚夺标的可能性也就增加了。

李嘉诚做出这样的决定，可算是破釜沉舟，因为这笔现金会给长实带来极其沉重的负担，但是他仍然决定背水一战。做出这一决定是在1976年冬，李嘉诚可以调动的现金大约有4亿港元，香港地铁公司于一年后，正式公开接受邮政总局原址开发权招标竞投。

夺标的核心法则是，谁开的条件最优越，谁中标的可能性就最大，相反，谁如果过多地考虑自己的利益，那么获胜的几率就越小。由于各家公司都闭口不谈自己的投标书内容，只留下记者发挥各自最大的想象力来推测花落谁家。

据报界披露，这次有30多家大的集团公司竞标，分别是置地公司、长江实业、太古地产、金门建筑、日澳财团、辉百美公司、嘉年集团、霍英东集团、桓隆地产等，而在这些竞标者中，还属置地夺标的呼声最高，英文《南华早报》的澳籍记者在采访置地大班纽璧坚时，他虽然没有对此次竞标做任何评判，但是从他的那一句“投标结果，就是最好的答案”，可见他的自信程度，然而事实并没有像置地人和广大媒体预期的那样。

大约3个月以后，香港各报纷纷发出“长实击败置地”取得了邮政总局原址开发权竞标胜利的新闻，《工商日报》详细报道：“邮政总局原址地皮，当时的出售价为2.4亿港元，有香港中区‘地王’之称，很早就有许多大财团跃跃欲试。参与此次公开竞投的就有30多个大财团，最终花落长江实业，其结果非常出人意料。”有关媒体采访了地下铁路公司有关人士，他们透露：长江实业最终战胜其他大财团脱颖而出，主要原因是长江所提出的条件异常优越，吸引了地铁公司，所以取得了和地铁公司共同经营该地的开发权。

长江实业和地下铁路公司首先签订中环站上盖开发物业协议：“地下铁路公司批准长江实业公司在地铁未来中环站上盖占地2270平方英尺，建造37层高的商厦与办公室混合的单塔型建筑物一座；而李嘉诚同意将协议签订完成后，先付给地铁公司一部分现款。还保证其余部分将分成若干次交付，而且地铁公司一定可以获利。”金钟站上盖协议，在日后续签。

在签订协议当晚，据参加地下铁路董事局主席唐信的新闻发布会的记者报道，唐信公开与记者说：“这座建筑物会逐层售予公众，利益由地铁公司对长江分享，地铁公司则占大份……”

长实中标，舆论界对此纷纷发表评论，一致认为此次夺标成功是“长江实业发展史上的里程碑”，地产新秀李嘉诚“不鸣则已，一鸣惊人”，事实也的确如此，但是有谁想过李嘉诚成功的关键在什么地方吗？

舆论界认为李嘉诚之所以能够取得成功，是因为他在投资决策上的稳健和果敢，李嘉诚没有对舆论的说法给予任何回应，只是告诉大家孙子兵法中的一句话：“知己知彼，百战不殆。”

◇保持高度忧患意识◇

西点著名教官杰克·奥姆斯丹说：“如果你们没有迎接突发事故的能力，那么迎接你们的只可能是失败。”

西点军校非常热衷于训练军官和学员的忧患意识。学员们经过严格的训练以后也的确会具有高度的忧患意识。

中国有句古话叫做：“生于忧患，死于安乐。”不论是军队还是企业，都应该保持高度的忧患意识。

作为公司的一名员工，应站在公司的立场上，时刻保持居安思危的忧患意识，要考虑到各种可能会出现的潜伏危机。一个人如果长久呆在一个安逸的环境里，其自身的韧性和意志就会被消磨，最终失去斗志。

海尔集团之所以能取得今天的成就，与员工高度的忧患意识是分不开的。在海尔集团总裁张瑞敏的带领下，创造出了一套独具特色的海尔式产品服务体系，譬如“用户永远是对的”，“海尔卖的不是产品，而是信誉”，“真诚到永远”等。

每一个海尔员工的心里都充满了一种危机感与责任感。海尔的生存理念“永远战战兢兢，永远如履薄冰”，更给人一种强烈的忧患意识和危机意识。这是海尔集团打开成功之门的钥匙。

市场竞争是无情的，强者上弱者下。海尔集团在自我发展和与国外品牌的激烈竞争中，一直不赞成“以市场换技术”的做法，因为国外的企业最终是想要占领中国市场，尽管学到了一些先进的技术，但却不是最高水平的，属于我们的市场早晚都会被国外的企业所占领。“人无远虑，必有近忧”，海尔集团正是在这种忧患意识的指导下，按照自己的轨迹，一步一步地走向辉煌。

在激烈的市场竞争中，无论是一个成熟的有远见卓识的企业家，还是一个责任感强烈、力求在工作上精益求精的员工，忧患意识都十分重要。俗话说：“盛时当作衰时想。”在顺境中做任何事都容易，但一味地高枕无忧就离危险不远了，有可能优势变为劣势。

一名优秀的员工一定具有忧患意识，这样的员工不仅能很好地服务于公司，为公司带来良好的信誉，同时也能增强企业的凝聚力和竞争能力，使企业长盛不衰。

一个真正优秀的员工绝不会因为有了一点成就，就会忘乎所以。作为一个优秀员工，应时刻充满危机感。因为，影响成功的因素是多方面的，其中充满了变数，而这些因素又不能完全控制。

所以很多成功都是暂时的，一旦某个因素发生变化，可能就要面对失败的危机。如果没有强烈的危机感，对于可能发生的事情缺少应对的策略，就会让你措手不及，甚至一败涂地。

保持高度的忧患意识，就会让人有一种紧迫感，从而督促着自己朝着更高的目标迈进。一个自强自立的优秀员工应时刻保持高度的危机感。

军规十七　永不放弃

在西点军校，教官告诫学员："永远不要怀疑自己的能力。"要想战胜困难，就必须拥有足够的自信。坚强的意志力是西点学员的基本品质，一旦确定目标，他们就会铲除一切障碍，毫不妥协，勇往直前。

◇自信是取得成功的保障◇

西点培养的学员都有极强的个性魅力，这首先得益于西点军校对学员自信心方面的培养。西点相信，每个学员都具有成为优秀管理者的潜力。而要成为优秀的管理者，首先必须自信；其次要善于把握机遇，这又要求管理者必须完善自身素质并博览知识。

西点毕业生、天才画家詹姆斯·A·M·惠斯勒说："若想在自己内心建立信心，即应像洒扫街道一般，首先应将相当于街道上最阴湿黑暗之角落的自卑感清除干净，然后再种植信心，并加以巩固。"

西点的政治辅导员柯列尔说："自信来自于自我尊重，一个不自信的人，是看不到这个世界的绚烂色彩的，他们总是在关键的时候说服自己放弃目标和追求，而且，内心也变得狭隘起来，这个时候，训练就变成了一种负担,可见，不自信源于对自己不满意。"

自信是成功的一半。有自信的人能够化险为夷。西点军人在开始做事之前，总是具有充分信任自己能力的坚强自信心，深信所从事之事业必能成功。这样，在做事时他们就能付出全部的精力，破除一切艰难险阻，直到胜利。

对于公司员工来说，有坚强的自信，往往可以使得平庸的人能够在工作中脱颖而出，成就那些虽然天分高、能力强，但疑虑与胆小的员工所不敢染指尝试的事业。

对自己不满不一定是件坏事，但如果这种不满影响了你的工作和生活，影响了你的形象和精神，那你就要注意了，它会成为你不自信的根源。产生不自信的原因很多，无外乎客观因素和主观感受两个方面。

客观因素主要包括：自身条件的限制，比如学历、身高、容貌。主观感受是指对发生在我们身上的事情的判断和我们对自身的评价，当然主要包括对工作能力、公关交往、外形气质方面的评价，这种评价来源于旁人对你的评价，其实这种评价传到你耳朵里的又有几分正确呢。

要想成为一个优秀的管理者，首先必须自信，这是成就事业的基础。只有自信，才能拥有比较阳光的心态；只有自信，思维才能较为敏捷。其次必须善于把握机遇，机遇只会青睐有准备的头脑，这就要求必须首先完善自身素质。

从一定意义上来说，管理者处理的都是宏观上的东西，所以，必须具有大的眼光和前景预测能力，鼠目寸光的人是做不了优秀的管理者的。必须博览知识，因为这个世界本来就处于联系之中，不要把自己孤立起来，广泛的知识有助于你客观而周到地分析、决策问题。要想成为一个优秀的公司管理者，就应当像西点学员那样，无时无刻不使自己处于一种思考和锻炼之中。

要将不自信转化成自信，并非一朝一夕的事，但只要立刻有所行动，积极地从工作和生活中的小事开始培养，定会有所改进，一点一滴地培养起自己的自信。既然选择了目前的工作，就要深入了解本职工作需要何种人才，自己欠缺的能力到底是哪些。

职场上，自信会给我们真正的力量，自信是促进我们发展的推动力，相信不甘于现状的有志青年，都会迈出自信的步伐，迎接更美好的前途。一旦在工作中树立起自信心，你就会主动地为自己出点儿难题，每天都有难题处理，你自然就会活得充实。坚持不懈下去，你就能发现自己每天都在进步，每天都会感到快乐。

◇不要怀疑自己的能力◇

有一句话说得好："不是因为有些事难以做到，我们才失去自信；而是因为我们失去了自信，有些事情才难以做到。"

在西点军校，教官告诫学员："永远不要怀疑自己的能力。"要想战胜困难，就必须拥有足够的自信。

西点著名教官尤夫·休斯曼说："自信来自于自我尊重，一个不自信的人，是看不到这个世界的绚烂色彩的，他们总是在关键的时候，说服自己放弃目标和追求，而且，内心也变得狭隘起来，这个时候，训练就变成了一种负担。"

美国著名成功学大师罗杰·马尔腾则说："你成就的大小，往往不会超出你信心的大小。不热烈地、坚强地希求成功、期待成功，却反而能取得成功，天下绝无此理。成功的先决条件就是自信。"

一个人即使能力很大，也有不能做到的事。当一个人遭遇挫折与失败的时候，就会感到胆怯甚至自卑。一个人产生自卑的最重要原因是害怕失败的打击。自卑感是一种普遍的心理现象，每个人或多或少都存在一点自卑感。然而，如果一个人让自卑感贯穿了一生，就永远也成不了大事。要有所作为，就必须摒弃自卑，走出自卑的阴影。

美国参议员艾摩·汤玛斯是西点学子树立信心的楷模。在美国一个偏僻的乡村，有一个经常被同伴讥笑的男孩，他总是低着头走路，从来不愿意跟别人说话，也不跟其他的同伴玩。因为家里贫穷，所以只能穿着父亲的一件又破又旧的大衣和一双不合脚的鞋子。除了上学以外，他每天都帮着家里做点农活，他总觉得自己不如别人。

高中毕业后，为了维持生计，他去了一个最破的乡镇做代课老师以赚取微薄的生活费用。当他用自己赚来的薪水为自己买了一套新衣服穿在身上的时候，他第一次昂起头来走路。

有一次，美国各地进行一个公众演讲比赛，在母亲和朋友的再三鼓励下，他也报名参加了。在家里他为这次演讲做了精心的准备，包括一个眼神、一个微笑乃至发型衣着，在比赛的时候，他很紧张，但是看到母亲和朋友信任和鼓励的目光，他感到从未有过的一种激情和力量在心里升腾。演讲结束的时候，台下的掌声和欢呼声非常热烈，他知道他成功了。

在以后的日子里，他自信得让人无法相信。他选修了最富挑战性的法律和公开演说学科，最后他成功步入美国政坛，成为一个举世瞩目的政治家。

艾摩·汤姆斯最终克服了自卑心理，重新建立起自信心而取得了成功。可见自卑对人的一生影响有多么深远。自卑的人无法实现自我，所以永远也到达不了成功的彼岸。自卑对一个人的生活有百害而无一利，它能让你的意志消沉，让你看不到生命的曙光，让你找不到人生的方向。

每个人的心里都潜藏着自信和自卑两种因素，如果自信心占了上风，它就可以将人的一切潜能都调动起来，让一个人精神饱满、充满活力，保持最佳的精神状态。而一旦自卑占了上风，它不仅会吞噬一个人所有向前的意志，甚至会让一个人萎靡不振，不思进取。

作为一名优秀的员工，就必须相信自己，勇敢战胜自卑。要想让自己在职业生涯中走得更远，那就更要克服自卑，拥有自信。

◇永远不说放弃◇

西点人做事勇于坚持，善始善终。因为这既能磨炼一个人的个性，又能使人得到成功与幸福。一个人必须认识到有一种比他人的掌声更重要，比他人的赞同更宝贵的东西，那就是自尊。

西点军人认为，如果在工作之初就下定决心，一定要出色地完成每一项工作，决不半途而废。有了这个决心，才会全身心地投入工作。不必为工作机会而烦恼，因为内心是平静、清明和幸福的。

西点精神要求每个学员都必须具备坚强的意志力。每一个从西点走出来的人，都具有百折不挠地完成许多“不可能完成的任务”的坚强意志。

在这个世界上，对于任何一个理性者来说，只有信念才能够使他对目标毫不怀疑，并支撑他行动的坚持和坚韧；也只有来自于信念的力量，才能够使一个理性者放弃功利的考虑，持久不息地为理想奋斗。

◇郑周永

而信心能够成为信念，关键在于对外界开放，进行准确的自我定位，将感性的心理感觉提升为理性的自我认识。即便是在受到压力，又得不到所需要信息的情况下，也能够正确无误地采取行动。

韩国郑周永创建的“现代建筑”成为建筑业的霸主，并进军海外，占领了中东建筑市场；他创建的“现代造船”超过了日本同行而成为世界上最大的造船企业；他创建的“现代汽车”的产品奔驰在世界各地。郑周永被誉为“最有魅力的男人”、“亚洲最富的企业家”。

郑周永出生在江原道通川郡松田面峨山里的一个贫苦农民家庭，祖辈世代务农，父母亲都是村里出名的勤劳人，除他以外，家里还有五个弟弟和一个妹妹。少年时代的郑周永曾就读于通川郡松田公立小学，小学毕业后，贫穷的家境再也不允许他继续念书了，他只得回家同父亲一起起早摸黑干农活。

然而，尽管全家人拼死拼活地干，仍然不能改变贫苦的命运。一年下来连基本口粮都无法保证。一天的劳动全靠早饭支撑，晚上只有用稀粥来哄哄肚子。这种艰难贫穷的农村生活使得少年郑周永难以忍受。他开始梦想离开这毫无希望的穷山恶水，去寻找另一个属于他的新天地。于是，他向在镇上工作的几个同学求援，想让他们帮忙在镇上谋点事干。然而他的同学想不出什么办法，而他的“异想天开”还被固执的父亲骂了一顿，理由很简单：身为长子就应该留在家里传承祖业，老老实实地种田打粮，养家糊口。

第二年春天，16 岁的郑周永在一个偶然的机会从报纸上看到一则消息，发现北方的清津市正在修建港口和铁路。他马上意识到，修港口和铁路一定需要大量的劳工，这或许是一次难得的机会，郑周永仿佛已感觉到了自己正处在隆隆的机器声中，成千上万的建筑工人来来往往地忙碌着，那里面当然也有他。

然而当他在一张破旧的地图上找到清津市时，心顿时冷了。清津市竟与通川相距 1000 多里。“再远我也要去！”郑周永下定了决心。他立即行动起来，先找到最好的伙伴池周元，两人悄悄地靠卖柴积攒了 4 角 7 分钱。8 月的一天，他们拿着这仅有的路费，背着父母，溜出村子，向清津出发了。

一路上他们风餐露宿，白天靠几分钱的食粮维持体力赶路，晚上便空着肚子在背风处过夜。一路奔波后疲惫不堪的郑周永怎么也睡不着，他望着黑洞洞的天空，想起了贫穷的家乡，想起了爸爸妈妈和弟弟妹妹，想到父母会为儿子的失踪而感到焦急不安，他深感自己对不住父母双亲，伤心地哭了。郑周永狠狠地咬住自己的嘴唇：为了改变贫穷，为了能让全家人过上幸福美满的日子，我一定要出去，走到底！

经过几天的奔波，他们来到了高原市。当得知这里也有铁路工地，就决定先挣点路费再去清津。筑路的活比种田要累得多，每天从早干到晚，使他身体疼痛，浑身乏力。可一想到贫穷的家和茫茫的前程，他只得咬牙坚持下去。筑路工每月工资4角5分钱，除去饭费，一个月满勤也只有1角5分钱。转眼间两个月过去，中秋节快要到了。郑周永想让父母高兴一下，于是好不容易说服了工头，预先支点钱给家里寄去。正当他高兴地从工头棚里走出来时，突然一个熟悉的声音使他愣住了："周永！""爸爸！"父亲出乎意料地站在他面前。看着累得又黑又瘦的儿子，父亲心里一阵酸痛。郑周永猛地扑到父亲的怀里，放声大哭，他太想家了，毕竟他还只是一个16岁的孩子。

原来，从他离家出走后，焦急万分的父母好不容易从里长的女儿那里得到一点线索，便一路找来，没想到在高原遇到了。就这样，郑周永便像个小俘虏一样被父亲带回了贫穷的小山沟。尽管郑周永是个在小山沟里长大的穷孩子，但少年时代特有的幻想和对未来的憧憬始终缠绕着他。他无法忍受这难耐的困境，他急需改变这一切。穷则思变，郑周永已经下定决心，无论阻力多大，他都要走出这小山沟。

一次他看到连载小说《泥土》时，立即被主人公许崇吸引住了，他想：许崇能从山沟里独自进城，一边打工一边学习，而我郑周永为什么就不能出去闯一闯呢？于是，一个新计划又在他的心里萌发了。

第二年春天，他又联合了村里的另外两个小伙伴，在一天夜里，溜出村子，一口气跑了100多里，朝汉城走去。然而，他又失败了，当他们一伙来到金化的一位亲属家时，又被一路追来的父亲“押”了回去。

回到家中，郑周永后悔不已，他总结了这次失败的原因是路费不足，再走一定要有充足的路费，也不能去投亲靠友了。这年秋天，他狠下心干了一件对不起家人的事——他拿走了父亲的卖牛钱。这次他变得聪明了，一不找伙伴，二不在晚间溜，以免引起父亲的注意。郑周永乘家里无人时，终于坐上了南下汉城的火车。一路上他看着窗外景色，心里浮想联翩。他此次去汉城，主要目标是进牡丹会计学校速成班。这个想法起源于报纸上的一则消息。会计速成班，学制6个月，毕业后学校安排工作，按当时的工资看，毕业后每月至少能挣30元，每年就有360元，去掉每年120元食宿费，还剩240元，这样每年最低能买下24袋大米，这比他一家人一年打的粮食要多得多。他越想越高兴，相信等父母接到寄回的钱时，一定能原谅他所有的过错。

到汉城后，郑周永很快就办完了入学手续。由于已经开学3天，课程又讲得很快，郑周永不得不加倍努力，因为他知道，学校将来是按成绩分配工作的。正在他踌躇满志之际，意想不到的事又发生了。一天早上他匆匆忙忙往学校赶，走到校门口时，又与父亲撞个满怀，他的脸色顿时变得惨白。尽管郑周永向父亲说尽了好话，父亲还是流着老泪让儿子“快回家吧”。父亲的眼泪一下子把郑周永所幻想的一切都扫光了。父子俩一前一后默默朝车站走去。其实做父亲的有谁不想让儿子出人头地呢？父亲三番五次地外出寻找儿子，不单是希望郑周永尽到长子的责任，主要是在父亲的眼里，他仍是孩子，父亲担心儿子一人在外会吃苦头，农村再穷再苦，一家人毕竟还可以平平安安过日子。看着伤心的儿子，父亲也觉得内疚。快到火车站时，父亲开口了：“孩子，你来汉城10多天了，没到别处去玩玩吗？”“没有。”父亲心里一酸，领着儿子重新折回，来到动物园。他想让儿子开开眼界，以后恐怕再也没有机会了。父亲好不容易摸出 5 分钱，递给郑周永："进去看看吧，我们坐晚车走，你好好玩玩，爸爸在外边等你。"父亲几句诚挚的话，使郑周永泪如雨下，他没有去动物园，而是扶着父亲回到了火车站。

1934 年，是郑周永记事以来最糟的一年，田里的庄稼几乎绝收。村里又流行着一种可怕的传染病。郑周永那强烈的愿望又复苏了，他无法轻易改变自己的决定。为了养家糊口，父亲再也不阻拦他了。这样，19 岁的郑周永第一次正式地告别了父母，直奔汉城，去寻找他向往已久、属于他自己的梦。

经过一番奔波和努力，他终于找到了一份满意的工作，在一家叫福兴商会的米行当一名发放员，月薪是 18 元。由于他的勤劳朴实，很快便赢得了店主人的喜欢和信任。在福兴商会工作的两年间，郑周永汇回家的工资能买到 18 袋大米，远远超过了一家人的全年收入。

然而由于店主的儿子不争气，米行不得不停业关闭。经过三年锻炼的郑周永，决定自己独立干一番事业。于是他在原址继续从事米行生意，并充分利用了新建立的各种人际关系，很快便站稳了脚跟。不久他便打出了自己买卖的大号——京一商社。从此，郑周永便步入商界，在充满了险恶斗争与较量的商战中开始了新的搏击。

郑周永决心从穷山沟里跑出来，不管阻力来自何方，也不管阻力有多大，他最终还是走了出来。如果他第一次出走后被父亲找了回来改变了决定，如果第二次出走失败后他改变了决定，如果第三次出走未成他改变了决定，那就不会有现在的郑周永，也就不会有令世人瞩目的"现代集团"。郑周永就是这种人，一经决定，便百折不回地做到底。如果没有这种精神，郑周永一生的历史便只能从头改写。

工作要有恒心，不可畏惧困难，浅尝辄止。在工作中，有许多员工往往对失败的结论下得太早，当遇到一点点挫折时就对自己的工作产生了怀疑，甚至半途而废，那前面的努力就白费了。

惟有经得起风雨及种种考验的人才是最后的胜利者，因此，如果不到最后关头就决不轻言放弃，永远相信："成功者不放弃，放弃者不成功。"

第五章

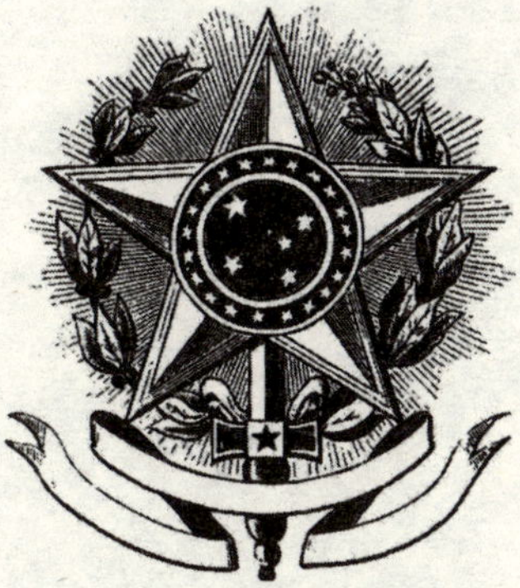

坚定目标

西点毕业生、美国军火大亨杜邦说：“追求热爱的事业，而非一份可以糊口的工作。”

军规十八　敬业为魂

西点人把“敬业”也作为军校军规的一条，就是希望所有的西点人都能把对军人职业的热爱，转化为学习、训练不断前进的动力。当敬业意识深植于员工脑海，他们就会自觉地以公司发展来追求个人事业的成功。缺少敬业精神的员工则难以体会真正的快乐，并且很容易一生蹉跎。

◇热爱你的职业◇

西点认为，一个学员是否喜爱他的军人职业，这是很容易就能看出来的。对于一个热爱其职业的人来说，其表现出来的自发性、创造性、专注和谨慎非常明显。

在西点教官的眼里，那些充满激情、斗志昂扬的学员，做什么事都干劲十足，神情专注，心情愉快，他们会自己创造机会，把握机会，一心想把训练任务完成得更加完美。

西点将军戴维·格立森说："要想获得这个世界上最大的奖赏，你必须拥有过去最伟大的开拓者所拥有的将梦想全部转化为价值的献身热情，并以此来发展和销售自己的才能。"

西点军校毕业的学员都相信：无论自己处于多么糟糕的境地，只要始终如一地热爱自己的职业，以这样一种积极的态度工作，就能取得良好的效果。

因此，西点学员们总是能有一种很好的心态，如果他们因为环境所迫，而不得不做些乏味的事情，那么他们也要设法使它们变得充满乐趣。

新学员经常被安排去清理宿舍楼里的垃圾，他们不但没有抱怨，也没有反对说不是自己的责任范围，反而很高兴，因为他们认为，这是换一种方法的训练，比如，可以锻炼自己的忍耐力、臂力和全身的协调能力。这是在平常的训练中所没有的。

没有人能够随随便便成功，正是由于这种近乎苛刻的纪律要求和大浪淘沙般的筛选，西点才能长盛不衰，才能成为将军的摇篮。

在公司中也同样如此，工作可以让新员工从中获得经验、知识和信心。他的工作热情越高，决心越大，工作效率也就越高。当新员工充满热情地工作时，工作就会充满乐趣，他再也不会把上班当成一件苦差事了，而别人也愿意聘用他来做喜欢的事情。

退伍的学员无论在哪个行业工作，总是能够令人满意。他们不像有些公司的员工那样：在公司里工作，毕业于高等院校，受过专业训练，每天穿行在公司里，工作体面，而且有一份不错的薪水，但他们并不快乐，甚至是孤独的，他们不愿与其他员工交流，事实上，他们并不喜欢上班，工作也仅仅是为了生存，他们常常因此而忧心忡忡，而且健康状况也十分糟糕。而西点学员从一开始就知道应该把工作当成乐趣。他们认为无论在什么地方总能够体现自身的价值。

在公司中，员工承担着巨大的有形的或者无形的压力。同事之间的竞争、工作方面的要求，以及一些日常生活琐事，无时无刻不在禁锢着他们的心灵。于是在种种的压力、禁锢之下，无精打采、垂头丧气和漠不关心扼杀了他们心中美好的对事业的追求和热忱。从热爱工作到应付工作再到逃避工作，他们的职业生涯遭到了毁灭性的打击。

如果学员们遇到压力就跑掉，遇到困难就退缩的话，那么西点就不会有这么久远的历史，更不会有这么好的口碑。西点的训练是高强度的，竞争和淘汰甚至算得上是残酷的。

1997 年意大利代表团访问西点的时候，他们在校园里遇到几位在林阴道上散步的军校学员，便问他们："今天是礼拜天，为什么不到校园外去走走?"他们埋怨地说："谁能出得去呀，学员每个月只能外出一次!"当代表团成员羡慕他们能够在西点这样的学校上学时，其中一个学员做出耶稣受难的怪模样，咧着嘴开玩笑说："在此上学，简直是上帝对我们的惩罚!"

职业培训师摩尔·培恩在其著作《职场灵魂》一书中这样说："如果一个人觉得工作压力愈来愈大，工作对他而言只有紧张、毫无快乐可言时，那就说明他有些地方不合拍了。要想从根本上解决这个问题，他必须从心理上调整自己，否则换一万次工作也是枉然。"

◇摩尔·培恩

事实上，如果一个人能以精益求精的态度、火热的激情，充分发挥自己的特长来工作，那他做什么都不会觉得辛苦；如果一个人鄙视、厌恶自己的工作，那他一定会失败。

西点 56 届毕业生莱顿上将说："西点学员都把真挚、乐观的精神和不屈不挠的毅力当做走向成功的磁石。因此，无论将来他们所从事的是什么职业，都会用全部的热忱去努力。”

在公司中也是如此，员工的抱怨其实只是他借口逃避责任的理由，这不仅说明他对自己不负责任，更说明他是一个对社会也不负责任的员工。因为只有对自己能够负起责任来的人，才能够对社会负责任。

亨利·福特说：“满足生存需要不应该成为工作的惟一目的，工作更应该成为实现人生价值的途径。”

毕业于西点军校的霍姆斯在被问及对工作的兴趣时这样说：“我现在之所以能够享受工作，主要得益于我在西点军校学到的——要对所从事的职业充满信心和兴趣。”

无所事事的人生将是悲哀的人生，要想成为一个优秀的员工，必须把工作当成一件快乐的事，并且，还应该乐此不疲地把这份愉悦传递给别人，使其他员工愿意与你交往和合作。这样，你的人生也将因为你所从事和热爱的工作而得到升华。

不管你的处境多么糟糕，千万不能因此而厌恶你的工作。如果因为环境所迫，你不得不做些乏味的工作，你也要设法使工作变得趣味盎然。以积极的态度去工作，你将得到意想不到的结果。你的工作热情越高，决心越大，你的工作效率也就越高。当你充满热情地工作时，工作就会充满乐趣。

把工作当成人生最有意义的事，把与同事共处看成是一种缘分，把与顾客、合作伙伴会面当成乐趣吧。

◇每天多做一点◇

西点著名将领约翰·拉姆森将军说："每天多做一点的学员将从他的同学中脱颖而出，这个道理对于学员和军官都是一样的。每天多做一点，上司才会更加信任你，从而赋予你更多的机遇。"

西点的学员都是从千万人中挑选出来的精英，但以后会怎样，能不能继续保持如此优秀的成绩呢？回答是："不一定。"只要进入西点，一切都从零开始，只有每天多做一点，才能慢慢积累经验，让自己变得真正优秀。每天多做一点是西点军校备受看重的素养，它能使人变得更加积极、更加主动。

卡洛·道尼斯先生最初为格兰特工作时，是一个很不起眼的小职员，后来他之所以能够成为格兰特先生的左膀右臂，担任其下属一家公司的总裁，秘密就在于"每天多做一点"。

道尼斯先生在后来谈到其成功的秘诀时，道出了个中缘由："在为格兰特先生工作之初，我发现，每天下班后，大家都走了，只有格兰特先生留下来并且工作到很晚。因此，我也决定下班后留在办公室里，以便于能够为格兰特先生做点什么，没有人要求我这样做，但我确实想帮助先生做点什么。"

"格兰特先生工作的时候经常需要打印文件，寻找一些相关资料，最初这些事都是他自己来做，后来我就帮他做这些工作，很快他就发现我随时都在准备帮他做这些事情，以至于养成了习惯……"

正因为道尼斯能够诚心诚意地为格兰特先生服务。日积月累，每天多做一点，才获得了更多的机会，使自己赢得老板的关注，最终获得了提升。

生活每天都在变化，社会发展得很快，公司也在不断地成长，作为一名公司的员工，其职责范围也在慢慢扩大，不要把自己当成局外人，工作之外的事不要逃避，如果能够分配到你头上，不要推脱，好好完成，也许就会成为一个成功的机遇。

有时候为什么很多人没有能把握住机会，明明机会来临却没能把握，因为机会总是乔装成“问题”的样子。当你在工作中遇到了难以解决的问题时，也许那就是一个非常宝贵的机会。一个优秀的员工应该知道如何解决问题，至于公司的组织结构、权责问题都不是最重要的。

如果能够养成每天多做一点的好习惯，就会得到很多的收益，其中两个点是最主要的：

第一，养成每天多做一点的好习惯之后，与那些平时懒散的人相比，你已经具有了优势。这种习惯使你受益无穷，无论从事什么行业，都会得到老板的喜爱和顾客的欢迎。

第二，如果想让自己变得更加优秀，那就多做事情吧，在做事情的过程中积累经验，多多磨炼会让自己变得更强壮。只有拼搏才能够产生巨大的力量，这是人生永恒不变的法则。每天多做一点，不仅能体现自己勤奋的美德，也能提升一种超凡的技巧与能力，使自己具有更强大的生存力量，从而摆脱困境。

付出多少就得到多少，这是一个众所周知的法则。也许你的投入并没有得到相应的回报，但不要气馁，应该一如既往地付出，回报可能就会以出人意料的方式出现。最常见的就是加薪和升职。除了老板以外，也可能来自他人的回报，并以一种间接的方式来体现。

无论你是管理者，还是普通职员，每天多做一点的工作态度能够让人从竞争中脱颖而出。每天多做一点工作也许会占用一定的时间，但同样会赢得良好的声誉，并增加他人对你的信任。

◇做好简单的事◇

西点毕业生、美国军火大亨杜邦曾说："不管是什么样的事，你都可以尝试把它成功地进行到底。"

海尔总裁张瑞敏说："把简单的事做好就是不简单，把平凡的事做好就是不平凡。"把简单的事持续做对，才能不断地得到成长，不断地实现自己的目标。

在西点军校，学员们除了接受训练和学习文化知识外，更多的就是被安排做一些打扫卫生之类的简单事情。但是不管是谁，只要是被安排了这样的工作，都会一丝不苟地完成。

大多数人还只能做一些具体的事、琐碎的事、单调的事，也许过于平淡，也许是鸡毛蒜皮，但这就是工作，这就是生活，也是成就大事不可缺少的基础。

海尔总裁张瑞敏先生在比较中日两个民族的做事的精神时曾说："如果让一个日本人每天擦桌子六次，日本人会不折不扣地执行，每天都会坚持；如果让一个中国人去做，也许他在第一天可能擦六遍，第二天也可能擦六遍，但到了第三天，可能就会擦五次，甚至四次、三次，到最后，就会不了了之了。"日本人的做法可能让人觉得很迂腐，但正是这种迂腐的执著和认真的精神，才能够使得一个小小的国家长期居于世界经济强国之列。

什么叫不简单，就是把一件简单的事能够一如既往地坚持做好就是不简单。无论在工作中还是生活中，很多事情看似简单，但有些人就是做不好，为什么呢？很多人总觉得事情如此简单，所以就粗心大意、应付了事，结果往往会出错。

世界上没有绝对简单的事情，而只有把事情简单化了的人。很多人在做事情的时候总是急功近利、毛毛躁躁，忽视了一些简单的事情。简单的事每个人都能做到，难的是能够持续做到。简单不等于简陋、粗放，简单是深刻、精细。

简单的事情也是要经过复杂的过程才能变得简单，就像做一件事情，刚开始什么都不会，做久了熟悉了，即使是做同一件事情也不觉得有多难了。所以说简单是需要复杂的训练才会轻车熟路，变得简单。

简单管理落实到企业管理组织流程上，需要一个复杂的过程。所以必须先复杂后简单。把简单的事能够持续做对，是一种执行文化。只动口不动手或是说一套做一套的人实在太多了。无论是企业还是个人，必须把简单的事做好，即使是一件非常容易的事。往往是越简单的事越不好做。因为越简单的事越不容易出彩，想要不同凡响，更是不易。

很多人总是想做大事，觉得那些简单的小事没有必要做，结果大事做不成，小事没做好，原地踏步走，没有任何的进步，所以一直离成功很遥远。其实大多数人都是平庸之辈，要想做大事，必须从简单的事情做起，时间久了，也就把简单的小事变成了了不起的大事。

无论做什么事情，不管是大事还是小事，简单还是复杂，都需要付出全部热忱、精力和耐心去做好，这样才是成就伟大事业所必备的精神。当你能够把简单的事情做得非常好时，你就变得很不简单，也就是不平凡。

◇把敬业当成习惯◇

西点人把“敬业”也作为军校军规的一条，就是希望所有的西点人都能把对军人职业的热爱，转化为学习、训练不断前进的动力。

军校深知敬业对于一个人，尤其是一个军人的重要。没有敬业的思想便不会热爱自己的工作，就缺乏了在工作上前进的动力，久而久之便造成了倦怠，职责也就不能得到保证。

任何正当合法的工作都是值得尊敬的，都有它存在的价值。通过比别人投入更多的智慧、热情、责任心等来充实自己的敬业精神，过一段时间就会发现自身的职业道德和能力都提高了，老板变得注意你了，此时你离成功就更近了一步。

敬业是一种责任精神的体现，一个对工作有敬业精神的人，才会真正为企业的发展做出贡献，自己也才能从工作中获得乐趣。这样的员工是真正有责任感的员工。

敬业是对责任的一种升华。责任的确在某种程度上还有一种强制性，因为有自己的工作范围就有责任，这一点不容置疑。但是敬业是员工的一种主动精神，不仅要完成自己的工作，而且要以一种高度负责的精神来完成自己的工作。

如果一个人只是为了薪水而工作，那么他的生活将因此陷入平庸之中，而人生真正的成就感就在他日益平凡的工作中离他远去。工作的目的不单是为了获得报酬，工作给你带来的远比信封中的工资要多得多。

一个人所从事的工作，这个职业所给予他的薪水仅仅是其报酬的一部分，可以说是很少的一部分。除了薪水，职业给予一个人的“报酬”

还有珍贵的经验、专业的训练、才能的表现和职业素质的培养。而这些东西与薪酬相比，其内在的价值不知要高出多少倍。

土光敏夫在担任东芝株式会社社长时对于员工的要求很高，他提出："为了事业的人请来，为了工资的人请走。"能够因为事业的价值聚集在一起的人才能真正把事业做大，即使当企业面临困境时，这些人也会和企业风雨同舟、荣辱与共。而那些因为工资才来的人，只是看重企业的福利和待遇，并不是企业本身对他有吸引力。

敬业给人带来的满足感不是薪水的原因，而是工作本身给个人带来的满足感和成就感。所以当员工能够真正敬业时，他对自己的企业是忠诚的，而且这种忠诚是主动忠诚，不会因为一些物质因素的改变而丧失对公司的忠诚度。

要创造企业的核心竞争力，企业的领导者应该让自己的员工具有真正的敬业精神。敬业精神使企业具备了别人无法比拟的竞争力。

敬业精神也是海尔企业精神之一。海尔的张瑞敏说："有缺陷的产品等于废品，所有的产品都应该是精品。"建立起一种信誉很难，但是打破一种信誉却很容易。

敬业使一个人工作愉快，有活力。它使人自觉自愿地尽心把工作做好，从而获得成功和喜悦。敬业的人一定乐业，而乐业的人往往容易成功。在乏味的被动情况下，你不可能提高工作质量，也不可能在工作上发挥创意。敬业的人有一种认真的工作态度和一丝不苟的工作作风。

丹妮是可口可乐公司市场部的销售经理，她平均每周都要坐飞机到外地出差一次。可以说，她的许多时间都是在飞机上度过的，但她却对各个市场的销售情况了如指掌，对每个客户也非常了解。那么，她怎么会有时间做这些事呢？

丹妮有一个非常好的习惯，那就是在飞机上给客户们写邮件，通过这种方式与客户保持良好的关系。一次，一个同机的旅客跟她攀谈起来：

“在飞机上的2个小时里，我看你一直都在写邮件，你真敬业，老板一定非常器重你。”丹妮笑笑说：“我不能让时间就这样浪费掉，这也是我乐于并且应该做的。”

对于可口可乐公司来说，员工的敬业态度一直是他们选拔员工的一项重要标准，因为他们坚信：一个优秀的员工，必须兢兢业业地珍惜身边的每一分钟来工作，使每一分钟都发挥出它的价值。所以一个人要想在工作中做出成绩、取得成功，就要具有一种敬业精神，这样的人是老板所器重的，而这种敬业精神也会使他最终在事业上有所成就。

迪斯尼乐园闻名于世界各地，美国佛州和加州的两个迪斯尼乐园都有很长的一段历史，并创造了很好的业绩。不过，全世界开得最成功、生意最好的却是日本东京迪斯尼。美国加州迪斯尼营业了25年，有2亿人参观。而东京的迪斯尼，最多一年有1700万人参观。经过深入考察，发现日本东京迪斯尼公司优于他人之处就是，它拥有一批经过训练的、具有高度敬业精神的员工。

员工的敬业对于一个企业而言，有着非凡的意义和价值。这是企业制胜的精神支柱，是企业能够在激烈的竞争中保持岿然不动的姿态的坚实根基。因为他们相信：一个敬业的员工是容易给公司带来效益的，因为别人愿意与他合作，他会让人放心，他值得别人信任。

一个员工敬业与不敬业是完全不同的，不敬业的员工是不会得到提拔和重用的，工作也无业绩可言。而敬业的员工，其敬业意识牢牢根植于脑海中，做起事来也会更加积极主动，并能从中体会到快乐，从而获得更多的经验，取得更大的成就。

在职场中，只有敬业才是真正的聪明。职场中提升最快的往往是那些工作认真、踏实敬业的人，而那些懒惰散漫、应付工作的“最差”员工，往往是公司最先考虑的辞退对象。

不管在哪里工作，都把自己看成老板的合伙人，把公司看做是自己的产业。照这样坚持下去，你的工作便能达到崭新的境界。

敬业，让企业的生命更有力量；敬业，是责任的延伸和升华。打造企业的核心竞争力，就是建立一种以忠诚和责任为核心的企业团队精神。敬业是企业生命延续和勃发的基础。

敬业就是这样，这种精神渗透在你每天的日常工作中，如果你每天能一如既往、兢兢业业地工作，那成功就会在某一天不期而至地降临到你的身边。

无论在什么情况下都重视你的工作，热爱你的工作，牢记自己的职责和原则，这往往会为你带来意想不到的收获。

军规十九　为自己奋斗

为自己奋斗是体现自身价值的最好方法。在西点，没有什么神明能保护你，能帮助你摆脱现状的唯有自己，你就是自己的神明。面对苦难不要逃避或躲闪，而要直面这些挑战，自强不息地进行反击，为自己奋斗。

◇记住，你是在为自己工作◇

在西点的四年时光里，他们收获得最多的可能就是知道如何去为自己开拓更广阔的前景。而以后在投入到崭新的工作中时，他们也不忘时刻告诫自己："千万不要以为是在为老板打工。"

选择了西点，也就意味着选择了牺牲，因为在那里，所做的很多事可以说是无偿的，但他们仍然无怨无悔地去自觉执行。

在很多人的观念里，如果是在政府机关上班，就认为自己是在为公家做事；如果是在公司里面工作，就认为自己是在为老板打工。这样的思维似乎已经根深蒂固了。

不管从事什么领域的工作，都要主动去完成。这是西点为学员树立的人生理念和工作态度。不要只是因为它是一份工作而工作，应该抱着开创新局面的期待去工作。

有这样一个故事：

有个老木匠准备退休，老板问他是否可以帮忙再建一座房子，老木匠答应了。但木匠的心已不在工作上了，用料也不那么严格，做出的活也全无往日的水准。总之，他的敬业精神已不复存在。

这座歪歪扭扭的房子建好后，老板并没有说什么，只是把钥匙交给了老木匠。“这是你的房子——”老板说，“我送给你的礼物。”

老木匠一生盖了多少好房子，最后却为自己建了这样一座粗制滥造的房子。

“我不过是在为别人打工。”这句话中隐藏着的另外一层意思是：“如果我是老板，我会更加努力。”但是，事实却并非想象的那么简单。

许多年轻人一踏入社会就缺乏责任心，老板一转身就懈怠下来，以种种借口来掩饰自己缺乏责任心。那些不论老板是否在办公室都会努力工作的人，永远不会被解雇，在任何地方都会受到欢迎。

一个人的品性受到思维习惯和成长经历的影响，他在人生中可以做出不同的努力，做出善或恶的选择，这最终决定了其未来个性的好坏。在做雇员时缺乏自动自发的态度，这种习气必将影响到他的今后，无论他做何种行业，或者是自己做老板，都是难以取得成功的。

大多数人并没有意识到自己在为他人工作的同时，也是在为自己工作——你不仅为自己赚到养家糊口的薪水，还为自己积累了工作经验，工作带给你远远超过薪水以外的东西。从某种意义上来说，工作真正是为了自己。

卡内基的钢铁公司有一个天才的工程师兼合伙人琼斯，在筹建公司最大的布拉德钢铁厂时，他发现了齐瓦勃超人的工作热情和管理才能。当时身为总经理的齐瓦勃，每天都是最早来到建筑工地，当琼斯问齐瓦勃为什么总来这么早的时候，他回答说："只有这样，当有什么急事的时候，才不至于被耽搁。"工厂建好后，琼斯推荐齐瓦勃做了自己的副手，主管全厂事务。

两年后，琼斯在一次事故中丧生，齐瓦勃便接任了厂长一职。因为齐瓦勃的天才管理艺术及工作态度，布拉德钢铁厂成了卡内基钢铁公司的灵魂。因为有了这个工厂，卡内基才敢说："什么时候我想占领市场，市场就是我的。因为我能造出又便宜又好的钢材。"几年后，齐瓦勃被卡内基任命为钢铁公司的董事长。

齐瓦勃担任董事长的第七年，当时控制着美国铁路命脉的大财阀摩根，提出与卡内基联合经营钢铁。开始的时候卡内基没理会，于是摩根放出风声，说如果卡内基拒绝，他就找当时居美国钢铁业第二位的贝斯列赫姆钢铁公司联合。这下卡内基慌了，他知道贝斯列赫姆若与摩根联合，就会对自己的发展构成威胁。

一天，卡内基递给齐瓦勃一份清单说："按上面的条件，你去与摩根谈联合的事宜。"齐瓦勃接过来看了看，对摩根和贝斯列赫姆公司的情况了如指掌的他微笑着对卡内基说："你有最后的决定权，但我想告诉你，按这些条件去谈，摩根肯定乐于接受，但你将损失一大笔钱。看来你对这件事没有我调查得详细。"经过分析，卡内基承认自己高估了摩根。

卡内基全权委托齐瓦勃与摩根谈判，取得了对卡内基有绝对优势的联合条件。摩根感到自己吃了亏，就对齐瓦勃说："既然这样，那就请卡内基明天到我的办公室来签字吧。"齐瓦勃第二天一早就来到了摩根的办公室，向他转达了卡内基的话："从第 51 号街到华尔街的距离，与从华尔街到第 51 号街的距离是一样的。"摩根沉吟了半晌说："那我过去好了！"摩根从未屈就到过别人的办公室，但这次他遇到的是全身心投入的齐瓦勃，所以只好低下自己高傲的头颅。

后来，齐瓦勃终于建立了大型的伯利恒钢铁公司，并创下非凡的业绩，真正完成了从一个打工者到创业者的飞跃。

以对待事业的态度来对待你工作中的每一件事，并把它当成使命，你就能发掘出自己特有的能力，即使是烦闷、枯燥的工作，你也能从中感受到价值，在完成使命的同时，你的工作也会真正变成一项事业。

◇成为公司不可缺少的人◇

西点军校要求每一位学员对自己的角色进行定位，并叮嘱他们记住，你永远是不可或缺的重要角色。

在公司里，老板欣赏的往往是那些立即可用、并且能带来附加值的员工。老板在给某个员工加薪或提拔他时，往往不是因为他的工作做得好，或过去取得多大的成就，或曾经给公司带来多大的业绩，而是觉得他对公司的未来有多大的贡献，是否是公司发展中不可或缺的。一句话，靠自己的打拼成为公司里不可缺少的人，这一点才是至关重要的。

把自己的工作能做多好就做多好，不断挑战自己，这样可以充分挖掘潜力，调动能量，促使自己不停地学习，研究工作领域中的所有问题，使自己成为“业务通”，这样在老板心目中的印象就可以得到增强，成为老板值得信赖的人。

在公司里，内部的规章和制度是公司发展的指南，作为员工，就千万不要有试图改变公司制度的想法，而要很好地遵守公司的规章制度，和公司站在一起，为公司而自豪，尊重公司，把公司的利益看成自己的利益。只有这么做，才能成为公司真正必不可少的人，才能把业务做得最好。

一个完全自主的和能被授予充分权力的人应该拥有这样的品质：面对打击与失败时绝不退缩，也绝对不会逃避责任，能勇于面对一切困境，勇于承担羞辱与失败。

想成大器的人，必须甘愿充当小人物。只有在任何时候都能与公司在一起的雇员，才能获得最高的荣誉和报酬，也只有这样的人才会成为公司必不可少的人，永远也不会失业。

◇专注于你的工作◇

西点毕业生、著名作家爱伦坡曾说：“每个人能取得的最大成就，就看他自己是否尽心去做了。”

西点的指挥官要求学员必须专注于所听到的指示和命令，专注于眼前的工作，绝不允许三心二意。学员们必须专注于所接到的命令，同时迅速、果断地行动。

对于一名优秀员工来说，三心二意是最大的敌人，它肯定会使你徒劳无功。所以必须全心全意地投入到选择的事业中去。一旦决定从事某项事业，就必须全身心地投入进去。

拿破仑·希尔把专注喻为人生成功的“神奇之钥”。专注可以让人集中意识，并把意识定在某个行为上，最后为了满足这个特定的意识而付出行动，直到成功。

戴尔电脑公司的总裁戴尔·迈克尔在一次职工大会上告诫员工说：“专注，具有神奇的力量。它是一把打开成功大门的神奇的钥匙！它能打开财富之门，也能打开荣誉之门，还能打开潜能宝库的大门。在这把神奇钥匙的协助下，我们已经打开了通往世界所有各种伟大发明和成功的秘密之门。”

一个人的能力和精力毕竟有限，要想样样精通是很难办到的。要想成就一番事业，就必须时刻牢记“专注”二字。

职场上成千上万的人，之所以没有成功，并不是因为他们没有才干，而是因为他们没有集中精力专注地去做自己的工作。许多人在工作的时候，要么一心二用，要么敷衍了事，结果往往事倍功半，影响了个人的业绩，甚至是公司的正常运行。只有专注才能达到事半功倍的效果。无论怎样，一定要专心做好自己的事，只有这样幸运之神才能眷顾你。

爱迪生说过，高效工作的第一要素就是专注。他说：“能够将你的身体和心智的能量锲而不舍地运用在同一个问题上而不感到厌倦的能力就是专注。

“对于大多数人来说，每天都要做许多事，而我只做一件事。如果一个人将他的时间和精力都用在一个方向、一个目标上，他就会成功。”

做事专注，是一个员工必备的良好品格。一个人不能专注于自己的工作，是很难把工作做好的。一个能够专心致志工作的员工，就能把握成功的机遇，也只有一心一意做事的人，才能受到老板的器重与提拔。

盖尔克是西门子中国区第一任销售经理，他为德国西门子公司的电器占领中国的市场立下了汗马功劳。他本人也因此赢得了很高的声誉，在事业上取得了很大的成功。

有记者采访他时问：“你有什么成功的秘诀吗？”

盖尔克回答说：“秘诀谈不上，我从 1983 年在西门子工作，用中国人的话说已经有 19 年的工龄了。我始终有一个座右铭：工作要专心致志，一次只做好一件事。这 20 年来我一直坚持这样的信念，我在西门子的市场部、产品销售干部工作，如果说取得了一点成绩的话，这就是其中的原因。”

一名优秀的企业员工不仅要养成专注于工作的习惯，而且还要把专注于工作看成是自己的使命。

当今时代，做事是否专注，已成为衡量一个人职业品质的标准之一。一些企业文化提倡爱岗、敬业，倡导干一行，专一行，工作中能够做到专注，全身心地投入，便是务实、敬业最基本、最实在的体现。

只有把专注工作当做使命并努力去做，工作才会变得更有效率，而且还更容易取得成功。对优秀企业的优秀员工来说，这无疑是再好不过的了。

专注于某个目标，并全身心投入，就一定会创造出奇迹。优秀的员工应该随时保持专注的工作状态，这样才能让工作更有成效。

◇把职业当事业来做◇

人人都应该对自己的职业有一个清晰的自我定位。比如，有人认为工作的目的是为了生存，那么他确立的必然是一种职业认同感；有人认为他从事的工作是一份值得为之付出和献身的工作，他就会在此过程中实现自我的价值。

敬业的最高境界是什么？就是把职业当成事业来看待。职业只是靠技能来服务于人和社会而谋生的手段；事业则是可以延续并由人继承的，比如一种思想、一种理论、一种制度的创立和维护。

职业感和事业感虽然只有一字之差，但是当我们以不同的态度去工作时，就会有截然不同的结果。职业感要求尽心尽力地完成相应的职业，遵守职业道德。而事业感则往往是自觉的，并且总是与某种价值观联系在一起。

大凡富有事业感的人，他们通过工作所获得的，不仅仅是物质、荣誉等外在报偿，更重要的是获得了内心的满足感和自我价值的实现。因此，他们很少计较报酬、在乎功名，他们所做的一切，只为追求一个完美的境界。在这样的境界中，他们会发现自己生存的意义，感受到幸福和自我满足。

德国思想家马克思·韦伯认为，有的人之所以愿意为工作献身，是因为他们有一种“天职感”，他们相信自己所从事的工作是神圣事业的一部分，即使是再平凡的工作，也会从中获得某种人生价值。

人类最具创造性的工作，往往都是事业感的产物。即使是从事平凡琐碎的日常事务，只要你从中找到一份独特的乐趣和满足，同样可以借此达到人生的某种意境。

有一家企业的普通工人，发明了好几项工作领域的专利。在谈到他的心得时，他说：“能够取得这些成功，就是因为我从来不把这份工作当做谋生的手段，而是当成事业来经营。”

一个有事业感的人，绝对不会狭隘地看待他的工作，他对自己的工作会有一种深层次的理解和认识。

每一个岗位都是实现人生价值的舞台。只要我们用对待事业一样的态度对待我们的工作，每个人都能在平凡的岗位上做出不平凡的业绩。

不论从事何种工作，前瞻性的眼光和思考对于事业来说，都是非常重要的。在做好职业工作的同时开拓自己的事业，职业是基础，事业是发展。只有用做事业的态度来对待自己的工作，才会在职业的发展中取得不断的进步，完成自己的人生规划。

很多公司员工可能都会抱怨待遇不公、工作不顺，而这些怨言和愤怒使他们的职业生涯遭遇了许多困难和挫折，长时间得不到突破和晋级。如果能以事业的眼光看待职业的话，就会少一些怨言和愤怒，多一些积极和努力，多一些合作和忍耐。在一次次超越自我的过程中，就会不断拓宽自己的视野，提高自己的本领和技能。

以事业的眼光和态度做好职业，职业的发展和进步会帮助自己取得事业的成功。职业生涯是事业生涯的前提和准备。

职业是事业成功的基础，职业生涯带给我们的经验与体验一定有助于在未来事业上的成功。所以在从事自己的职业时，要树立一个明确的事业目标。

军规二十　理念至上

西点军校一直鼓励学员，要有创新精神，不断挖掘自己的创造力。西点军校非常注重训练军官和学员保持强烈的危机感。因为只有保持强烈的危机感，才能在战争中无往不利。企业经营者和所有员工面对市场和竞争，都要充满危机感，不要被眼前的成功蒙蔽双眼。今天的成功并不等于明天的成功，一个企业要想永远立于不败之地，必须保持强烈的危机感。

◇换种思维，敢于创新◇

西点军校丹尼尔·辛克莱上尉曾说："每个军人每天都必须和世界上好几百万的军人竞争，只有不断提升自己的技能、加强自己的竞争优势以及学习新知识和适应环境，才不会成为退伍军人统计数据里头的一分子。"

西点军校一直鼓励学员，要有创新精神，不断挖掘自己的创造力。

创新思维是现代职场中最具竞争力的思维。在一定意义上，创新与成功是一致的，要成功就必须创新。

日本本田摩托车的创始人本田宗一郎最早是做汽车维修业务的，但是他时刻关注着市场的动向，勤于分析市场状况，并且能积极大胆地调整发展方向。1934年，本田宗一郎决定放弃正在赢利的汽修业务，转行生产汽车零配件。原因是经过他详细的市场调研，发现市场上对汽车零配件的需求与日俱增。1937年，本田宗一郎成立了“东海精密机械公司”（简称“东海精机”），并成功地制造出了汽车的关键零配件——活塞环。同年，丰田汽车工业公司成立，以生产卡车为主，本田与丰田汽车工业公司的第一笔订单就这样签下了。

当时正处于二战时期，在战争经济的刺激下，“东海精机”虽然也得到了很大的发展，但是无论在资金还是原料方面，丰田都处处制约着“东海精机”，使得本田宗一郎无法大展拳脚，他暗自决心将来要开辟一片新天地。

二战过后，日本满目疮痍，受战争所累的“东海精机”已经不再有往日的风光。于是，本田宗一郎将自己拥有的股份全部卖给了丰田。钱到手后，雄心勃勃的本田宗一郎一心想干一番大事业，可当时社会一片混乱，美国占领军控制着日本几乎所有的物资，倘若贸然出手，必然失败。

经过深思熟虑后，本田宗一郎准备搞纺织机器。他盖了一座160平方米的房子，并挂起了“本田技研所”的招牌，开始着手对织布机进行改良。在改良过程中，本田宗一郎陷入了困境：新织布机还没试制出来，可卖股份所得的资金已所剩无几了。于是他又把眼光放到了汽车上，但汽车与织布机相比，耗资更大。这时，他又想到了相对耗资较小的摩托车。而在这时候，他得到一条消息：陆军通信设备上的微型发动机已经派不上用场了。于是他把一些微型发动机廉价收购进来，安装到自行车上。这种被称为“吧嗒吧嗒”的机动自行车一上市便受到了消费者的好评。因为当时交通一片混乱，人们急需要一种便捷的交通工具，而汽车价钱昂贵，人们买不起，这种机动车自然就成了抢手货。“吧嗒吧嗒”不但深得城市人的喜欢，也很受农村人的欢迎。因为有了“吧嗒吧嗒”，农村人就有了好的交通工具，把米、菜从农村运到城里贩卖。所以“吧嗒吧嗒”一经问世，人们便蜂拥而至，将其一抢而空。

本田技研所的工人们加班加点地生产“吧嗒吧嗒”，从每月生产300辆，涨到500辆、700辆。由于本田宗一郎廉价收购的微型发动机数量有限，为此他决定自己生产发动机。他卖掉父母留给他的家产，筹措资金。经过努力，他终于研制出了第一台 A 型发动机。虽然只是50CC的微型发动机，但毕竟出于自己之手，本田宗一郎依然为此而自豪。这就是最早的“本田摩托发动机”，也是本田宗一郎走向摩托车发展道路的第一步。

效仿是人的一种本能，宗一郎的成功也会引起众人的效仿。其他商家根据本田宗一郎的发现，仿制出了本田式的“机器脚踏车”。

为了在摩托车领域站稳脚跟，本田宗一郎决定推出真正的摩托车。1948 年 9 月，宗一郎组建了“本田技术研究工业总公司”并自任社长，从此拉开了本田发展的序幕。

不断地创新，已成为本田宗一郎创业的一条基本原则。A 型车已经推出，他认为那并不是最完美的，因为它的功率太小，于是他又以更大功率的发动机为目标，相继研制出性能更好的 B 型、C 型发动机。本田宗一郎每次推出新产品后，都要为自己树立下一个目标并为之奋斗。为了挑战自己的纪录，一种98CC的 D 型发动机又被他成功地研制出来了。他认为挑战和创新相结合，就会产生出不可估量的动力。第一辆新车终于被设计出来了，命名为“理想号”。这是从自行车到摩托车的一次质的飞跃。

宗一郎清楚，一个企业要想蓬勃发展，无论在技术上还是在管理上都不能忽略，而自己对管理一窍不通，只适合搞技术，寻找一位管理营销人才是当务之急。1949年，管理专家藤泽武夫加盟了本田的事业，使本田的市场逐步扩大。在他们的共同努力下，本田公司茁壮成长，效益直线上升，市场不断扩大，具备了大企业的规模。

现代职场中，一些人对待工作因循守旧，缺少创新精神。纵观事业上取得成功的人，他们都是站在创新的角度分析、解决问题。

当今市场竞争激烈，一个公司创新力的高低，很大程度上决定着公司的竞争力。一个因循守旧、墨守成规的人是不会有什么作为的。因此，如果想要使自己获得事业上的成功，那么，就一定要打破常规，敢于创新。

◇避实就虚，大事化小◇

西点军规有这样一句话："装成无关紧要的人，因为敌人的弹药可能已经不够了。"在军事作战中，需要很多战略战术来和敌人周旋。

在商战中也一样，在与对手竞争时避开其优势，以其薄弱环节为突破口对其发动攻击，最终达到战胜对手的目的。

在现代商战中，竞争双方在实力上肯定存在着一定的差距。实力弱的企业如果硬碰硬地去跟实力雄厚的企业竞争，势必会以破产而告终。在这种情况下，只有采用"避实击虚"策略，在市场空缺处大做文章，才能在竞争中占有一席之地。

"可口可乐"自1886年问世以来，在长达半个多世纪的风雨历程中，一直独霸饮料市场，引领着饮料界的动态和走势。

可口可乐问世后，一个名叫凯莱布·布拉伯汉的人把一种叫做"布拉德"的饮料改名为"百事可乐"，向"可口可乐"发起挑战。但可口可乐太强大了，百事可乐只能远远地跟在后面充当一个小兄弟。

随着时间的推移，“小兄弟”百事可乐逐渐变得成熟起来。它发现可口可乐有一个致命的弱点：在几十年时间里，可口可乐的配方、经营原则，甚至装可口可乐的瓶，都没有任何变化。在亚特兰大，可口可乐的经理们还配合那种古老而又奇特的瓶子推出一种自动冷饮机，投入一枚五分硬币，即可买到一瓶可口可乐。

百事可乐大胆地改变了自己的包装，向市场推出一种12盎司的新型瓶装百事可乐，售价也是5分钱一瓶。一时间，亚特兰大城内到处都是“五分钱买双份”的喊声。面对百事可乐的挑战，可口可乐束手无策，只好大幅度降价。

百事可乐赢了一局，一发而不可收。它针对可口可乐的老传统形象，发动广告大战，把自己描绘成“年轻、富有朝气、富有进取精神”的形象，仿佛喝了百事可乐，人也会变得朝气蓬勃一样。经过这番大张旗鼓的宣传，喝百事可乐成了新潮流的代表，而喝可口可乐则成为“因循守旧、不合时尚”的象征，百事可乐的销售额猛增，待到可口可乐对此做出反应时，百事可乐已牢牢地巩固了自己的阵地。从那时开始，百事可乐再也不是小兄弟了。

美国“七喜”汽水也是一个经典的案例，它创造了“非可乐”品牌，巧妙地把饮料分成可乐型与非可乐型两大类，自己则以非可乐型的代表出现，从而避免了与行业霸主可口可乐的正面冲突，开辟了新的市场空间，在竞争中占据了有利地位，最终一跃成为市场上的三大饮料之一。

商战中的双方各有所长，各有所短。如果能够充分发挥自己的优势，并且针对对手的弱点巧做文章，使自己的经营更具有特色，轻易就能将对手击败。比如在产品造型、功能或质量上有所革新，或避实击虚，善于钻市场的空当，企业经营就能取得成功。

运用好“避实击虚”战术，实力薄弱的小企业也可战胜实力雄厚的大企业。那些实力雄厚的大企业也像其他企业一样存在着某些弱点，若能在其存在弱点的方面开发新产品，就能在竞争中取胜。

日本的石桥正二郎开始做丫巴鞋时，经济效益怎么也赶不上一些大厂家。于是，他努力寻找对方的虚弱之处，想以此作为突破口大做文章。结果，他发现大厂家生产的鞋，冬天穿时潮气从侧面渗入鞋内，寒气彻骨。于是，他在鞋下部侧面涂上一层3厘米宽的橡胶，这就有效地防止了潮气渗透，起到了保暖作用。这种鞋子上市后立即呈现出畅销的喜人局面。

中国航空技术进出口公司在中东发展中国家参加国际工程竞标活动，在竞争过程中，以“守约、高质、薄利、重义”为指导原则，最终一举获得成功，顺利进入国际建筑市场。中国航空技术进出口公司是以我国劳动力价格低廉、施工成本低及社会主义企业计划经济为优势，又辅之以友好的报价，才连续中标的。

市场容量是有限的，人们由于受到从众心理的支配，总习惯盲目跟风，这样往往造成经济泡沫，结果绝大部分投资者非但没能赚到钱，反而弄得血本无归。你如果没能最先发现金矿，挖到第一桶金，就再没有去挖金子的必要了。因为等你再去挖时，前面的人早已排成了长队；当你挖到金子去市场出售时，你将看到那里到处都是金子，价格比石头还便宜。

大量事实证明，跟风不是一条成功之路。回报再丰厚的项目，随着人群蜂拥而上，很快也会失去竞争力；再普通的项目，只要率先被市场认可，也能创造出财富。

在商战中，聪明的商家都懂得运用“避实击虚”这一策略。总的来说，避实击虚就是：路走空处，货卖缺处；避敌强处，击敌弱处。商家用好这一策略，必定无往而不胜。

◇机会来自充分的准备◇

西点军校著名教官麦康尼夫曾说："许多成功的机会都是由自己创造的，如果任机会从你身边悄悄溜走是非常可惜的。"

所有的成功都永远属于那些肯于奋斗的人，而不是坐等机会的人。良好的机会完全在于自己去创造，如果认为个人的机会掌握在他人的手中，那么一定会失败。

机会来自充分的准备，准备是一切工作的前提。只有做好充分的准备，才能把工作做好，而且做起来更容易。

西方有句谚语："成功属于有准备的人。"同样，在中国有"凡事预则立，不预则废"的至理名言，可见充分准备对成功的意义。

可口可乐是大家都非常熟知的，它的瓶子设计很独特，不但看着美观，拿着也很舒服，这个设计是几十年前一个叫鲁特的年轻人发明的。

当时的鲁特只是一名普通的制瓶工人，他很喜欢和自己喜欢的女孩约会。有一次他跟女朋友约会的时候，发现女友穿的裙子很漂亮，因为裙子膝盖以上部分较窄，腰部就显得更有吸引力了。他想，如果能把玻璃瓶设计成女友裙子那样，一定会大受欢迎。

于是，他经过多次的试验和改进，终于设计出自己满意的样子：握在瓶颈上时，没有滑落的感觉；瓶子里面装满液体，看起来也比实际的分量多，而且外观别致优美。

他相信这种造型的瓶子一定会有市场，于是他就申请了专利。

果然，这种造型的瓶子被可口可乐公司看中，并以600万美元买下了瓶子的专利。鲁特也因此从一个穷工人摇身一变成了一位百万富翁。

鲁特只是一位普通的工人，他可以只是随便想想女友的美妙身材，而不用真的去投入设计和制作那种瓶子，如果那样的话，他就没有机会被可口可乐公司看中。然而鲁特没有，他细心观察之后又马上行动，发明了这样一种瓶子，正是他有了这样一种瓶子的专利，才有机会被可口可乐看中。要想成功，必须做好抓住机会的准备。

在商场中更是那样，商场上最忌讳的就是打无准备之仗，如果毫无准备盲目上阵，就无法发挥自己的特长优势，无法抓住对手的薄弱环节，没有充分的准备，临场发挥是自欺欺人，如同沙漠中的海市蜃楼。

有备而战是商人经商成功的主要原因，他们知道总有些人想着鬼主意，想钻空子，走歪道，为合作双方制造一些难题。为此他们力争把该防范的问题都写在纸上，坚决堵住这些漏洞。

一天，有位美国律师想要拜访藤田先生，请求预约。其时，藤田手头正忙，就没有答应对方。

“无论如何请您抽出一点时间。”对方恳求道。

“抱歉，我实在没空。”藤田婉言谢绝。

“那好吧，每谈一小时，给您奉上酬金 200 美元。”对方开了价，如此诚恳的态度使藤田很难为情，这说明对方一定有要事。“好吧，那就给你 30 分钟。”

该律师是美国一家犹太人公司的法律顾问，该公司与日本一家商社达成了合作意向，现在需要一名监视日本公司是否守约的监督人，一月付 1000 美元，请藤田给推荐一合适人选。他拿出公司老板给藤田先生的信说：“因为您是犹太人的朋友，所以您介绍的监督员一定可靠。”之后，他又拿出了该公司同日本商社的合作协议。

藤田看完后，不觉笑了起来。在美国人眼里，这也许是一份完美的协议，而在日本人看来，则是一份漏洞百出、暗算人的合同。于是，藤田不仅给这位美国律师指出了该合同的漏洞，而且还向他介绍了一位可靠的监督员。美国律师非常满意，因为他不仅及早发现了合同的漏洞，而且还找到了一名合适的监督员。

在经商上，思考问题一定要仔细周全，有一分谨慎，就有一分胜算。商场就是战场，绝不许出现任何漏洞，哪怕是与别人签订一个小小的合同，也不能大意，否则很容易被对方钻空子。

不论是对于企业还是个人，准备都很重要。提起准备，也许忙人会说："准备没有什么了不起。"但就是这不起眼的准备，却能造就神奇的成功，反之也能造成痛苦的失败。

◇永葆强烈的危机感◇

西点军校非常注重训练军官和学员保持强烈的危机感。因为只有保持强烈的危机感，才能在战争中无往不利。西点军校让学员们投入很多精力到艰苦的训练中，以便于培养他们强烈的危机感。

有一句成语说得好："居安思危。"就是说要有危机意识。一个国家如果没有危机意识，这个国家迟早会出问题；一个企业如果没有危机意识，这个企业迟早会垮掉；一个人如果没有危机意识，必会遭到不可预测的灾难。

未来是不可预测的，只有保持危机意识，才会在心理上及行动上有所准备，能应付突如其来的变化。如果没有危机感，当困难和危险来临的时候，就会让你手足无措。有危机意识或许不能把问题消灭，但至少可以把问题的危害程度降低，减少不必要的损害。

每一位站在企业顶峰的人，都会保持着一种高度的危机意识。微软总裁比尔·盖茨会对员工们说：微软离破产只有180天；海尔总裁张瑞敏把“战战兢兢，如履薄冰”作为一种动力。这一切都不是危言耸听，因为只有真正看到企业风险的人才能生存下来。一个企业如果意识不到自己的危机，那么死亡是迟早的事。

华为老总任正非始终保持着一种危机感，就像他在《华为的冬天》里所说：“记住一句话叫‘物极必反’，这一场网络设备供应的冬天，也会像它热得人们不理解那样，冷得出奇。没有预见，没有预防，就会冻死。那时，谁有棉衣，谁就能活下来。”

华为带给我们这样一个重要的启示，那就是：最危险的情况是你意识不到危险。在企业经营过程中，随时都有可能面临危机，怎样才能更好地应对危机呢？这就要求企业必须做好充分的准备，要做到未雨绸缪，有备无患，就要时刻保持强烈的危机感。

不论是作为企业的领导还是一名员工，都要有这样一种心态。在经营过程中，随时发现问题，并及时加以改进，这样才能使企业健康、快速、稳步地发展。一个企业如果丧失了危机观念，就好像一个人闭着眼睛开车一样，早晚都会出事。

英国的人力培训专家吉尔伯特曾提出一个管理学上的著名法则，即“工作危机最确凿的信号，是没有人跟你说该怎样做”，人们称之为“吉尔伯特法则”。

现今市场瞬息万变，可以说危机无处不在，“吉尔伯特法则”告诉人们，在企业经营过程中，最平静的时刻往往是最危险的时刻。危机会从四面八方袭击一个企业的机体，每个企业都面临生存的危机。有时候可能是市场环境的恶化，或可能是领导者决策的失误，也可能是各部门没有很好地协调一致。

作为企业的一员，要时刻保持高度的警觉，对危机做到先知先觉，这样，公司才能正常地运转。

百事可乐公司是世界饮料行业的领头兵，可谓是春风得意，每年有几百亿的营业额，几十亿的纯利润。尽管这样，公司的管理者认为有必要让员工存有危机感。

公司总裁韦瑟鲁普要为员工制造一种危机感。他找到了公司的销售部经理，并重新设定了一项工作方法，将以前的工作任务提高了很多。他告诉员工，这是经过市场调查后显示的结果，如果不调整工作方案，总有一天会落在后面，不能达到这个增长率公司的经营就会失败。

这种危机感马上成为百事公司员工的奋斗动力，使公司永远处于一种紧张有序的竞争状态中。正因如此，百事公司才能发展到今天，立于不可动摇的地位。

企业经营者和所有员工面对市场和竞争，都要充满危机感，不要被眼前的成功蒙蔽双眼。今天的成功并不等于着明天的成功，一个企业要想永远立于不败之地，必须保持强烈的危机感。

军规二十一　自动自发

在西点军校，每一个学员在接受长官派发的任务的时候，必须是自觉而主动地执行。要想获得最高的成就，必须永远保持主动率先的精神，自动自发的工作习惯可以使你成为领导者和老板。自动自发地工作，才能把工作当成自己的事。

◇自觉主动，就一定会出色◇

西点著名将领杰克·齐尔斯曼中校曾说："学员使自己的能力得到提升的最好办法是，在做好分内事的同时，多为西点军校做事。这不但可以表现学员勤奋的品德，还可以培养学员的综合能力，增强学员的生存能力。"

在西点军校，每一个学员在接受长官派发的任务的时候，必须是自觉而主动地执行。没有一个学员会把这看成是一种负担，因为他们知道，只有自动自发，才可能做得更好。一个员工成功的理由也是自动自发地工作。老板最赏识的是主动去完成工作的员工。

成功是一种努力的积累，任何人，要想获取成功都要经过长时间的努力和奋斗。一个士兵要想成长为将军，不知道要立下多少赫赫战功，要经历多少次生离死别。

要想获得最高的成就，必须永远保持主动率先的精神，哪怕面对的是多么无趣的工作。自动自发的工作习惯可以使你成为领导者和老板。

优秀的员工和平庸的员工之间最大的区别就在于，优秀的员工总是自动自发地去工作，而且愿意为自己所做的一切承担责任。要想获得成功，就必须敢于对自己的行为负责。

马布里曾说："像无数的美国年轻人一样，我在青少年时期和大学时代做过许多的工作。由于这些工作都很简单，我曾认为它们都是下等而廉价的。我后来发现自己的想法完全错了。事实上这些工作默默地给了我许多珍贵的教诲，不管从事什么样的工作，我其实都从中学到了不少的经验。"

许多公司都努力把自己的员工培养成对待工作自动自发的人。工作自动自发的员工，会勇于负责，有独立思考的能力。他们不会像机器一样，别人吩咐做什么他们就做什么，他们往往会发挥创意，出色地完成任务。而不能自动自发工作的员工，则墨守成规，害怕犯错误，凡事只求忠诚于公司的规则。

自动自发的人不仅会圆满地完成自己的任务，还会忠心耿耿地为老板考虑，提出尽可能多的建议和信息，他们也因此会得到提升和赏识。比别人多努力一些，就会拥有更多的机会。

对很多人来说，每天的工作可能是一种负担，一种不得不完成的任务，他们并没有做到工作所要求的那么多、那么好。对每一个企业和老板而言，他们需要的绝不是那种仅仅遵守纪律、循规蹈矩，却缺乏热情和责任感，不够积极主动、自动自发的员工。

工作需要自动自发，工作就是要付出努力。正是为了成就什么或获得什么，才专注于什么。工作不是为了谋生才去做的事，而是超越了工作主体自身的职能而要去做的事。

英特尔总裁安迪·葛洛夫应邀对加州大学伯克利分校毕业生发表演讲的时候，提出建议："不管你在哪里工作，都应该自动自发地投入工作。"

某公司一位员工与老板谈话时，老板提到了他朋友的企业中已经实行了电脑管理，十分羡慕。随后的一周内这位员工突击学习电脑管理方面的知识，并与提供电脑管理软件的公司联系。

在充分准备之后，他向老板提交了一份在企业内全面导入电脑管理的计划书，并有详细的预算和实施计划。老板看完计划以后非常欣赏，就决定由这位员工实施这个计划。公司导入电脑管理之后，作业方式有一定的改变，这位员工自然成了公司正常营运不可缺少的重要人员。

作为员工，应当记住：公司所渴求的人才不只是一个具有专业知识的、埋头苦干的人，而更需要的是积极主动、充满热情、灵活自信的人。

一个合格的员工不只是被动地等待别人告诉他应该做什么，而是应该主动去了解自己要做什么，并且认真地规划它们，然后全力以赴地去完成，用自己的积极性、主动性、创造性推动企业的发展。

◇让主动成为习惯◇

西点军校著名将领史迪夫·艾克上尉曾说："如果自己是上司，一定会希望学员能和自己一样，将西点军校当成自己的事业，更加努力，更加勤奋，更加积极主动。"

西点军校的教官和将军都是从学员走过来的。他们之所以能取得如此的成就，是与他们的积极主动分不开的。在企业中，员工同样需要这种精神，积极主动地工作永远是制胜的法宝。

英特尔总裁安迪·葛洛夫曾说："不管你在哪里工作，都别把自己当成员工——应该把公司看作自己开的一样。"

但是，很多员工并不这样想，他们认为自己工作得再好也是为老板工作，对自己来说没有任何的好处。于是每天都按部就班地工作，对待工作敷衍了事，甚至趁老板不在便无所事事或者闲聊。这种做法无异于在浪费自己的生命和自毁前程。

如果一名员工只知道被动地工作，缺乏工作热情，那这样的员工是不会有什么成就的。比老板更积极主动是一个优秀员工所具备的品质。一个对工作缺乏热情的人，就不可能全身心地投入工作，更谈不上敬业了。

工作的主动性是员工必备的素质，也是一种对待人生的态度。绝大多数成功的创业者并没有任何人监督他工作，完全依靠自律主动地工作。积极主动地工作，而且愿意为自己所做的一切承担责任，是成大事者和平庸之辈的最大区别。

阿尔伯特在《致加西亚的信》一文中如此写道："我钦佩的是那些不论老板是否在办公室都会努力工作的人，这种人永远不会被解雇，也永远不必为了加薪而罢工。”优秀的员工应该是一个积极主动工作的人，而一个优秀的管理者则更应该培养员工的主动性。

成功者告诉我们，无论事情多简单，还是多复杂，是感兴趣的，还是不感兴趣的，他们都会主动去寻求解决的办法，从来不会逃避。一个人只有对自己的工作尽心尽责，主动完成任务，才能在事业上取得成就。主动要求承担更多的工作是一个优秀员工必备的素质。

安迪·葛洛夫说：“不管你在哪里工作，都别只把自己当成是一名员工，应该学会努力适应，把公司当成是自己开的一样。工作生涯除了自己之外，全天下没有任何人可以掌控，这是你自己的事业。”

主动工作是在没有人要求你、把工作强加于你的情况下，你能自觉而且出色地做好自己的事情。

主动的人才可以得到赏识，自觉是通向成功的通行证。当主动成为一种习惯时，你就能从中学到更多的知识，积累更多的经验，就能从全身心投入工作的过程中找到快乐。

成功的人很明白，任何事情只有自己主动争取，并且要为自己的行为负责才能圆满完成。没有人能保证你成功，只有你自己；也没有人能阻挠你成功，只有你自己。

成功是一种努力的累积，不论何种行业，要想攀上顶峰，通常都需要经过漫长的努力和精心的规划。

因此，许多企业都有意识地把自己的员工培养成能够积极主动对待工作的人。工作积极主动的员工，会勇于负责，有独立思考的能力。他们不会像机器一样，按照别人的吩咐去机械地完成工作，他们往往能够发挥创意，出色地完成任务。

而没有自动自发意识的员工，则墨守成规、裹足不前，凡事只求符合公司的规则。他们会告诉自己，老板没有让我做的事，我又何必插手呢？何况又没有额外的奖励！显然这两种截然不同的想法会导致不同的工作表现和结果。

整天抱怨工作的人是不可能积极主动的。一个主动工作的员工，对于工作的责任和意义有深刻的理解，并随时准备展示自己的全部才华，因此，他们总能够从工作中得到更多的回报。

如果想要在事业上取得一定的成就，有一番作为，那么工作就要比老板更加积极主动，对待自己的工作要负责。可以从以下几方面约束自己：

（1）在工作上多用心。不要认为老板整天很悠闲，实际上，他们无时无刻不思考着公司的行动方向。所以在做好自己的本职工作外，尽力为公司做更多的事情。

（2）做在前面。任何工作都存在不足，在老板发现问题之前就把问题解决掉，会深得老板之心，因为只有这样的职员才能真正减轻老板的精神负担。

（3）永远不要满足于自己的成就。一个人如果满足于现有的成就，就会停步不前。如果想拥有更大的成就，就要每天都激励自己不要偷懒，机会就会垂青你。

如果你想登上成功之梯的最高阶，就要永远保持主动。即使你面对的是毫无挑战和毫无乐趣的工作，如果你仍然能够做到积极主动地去工作，最终必将获得回报。

◇突破平庸，追求完美◇

西点特别重视培养学员的主动性和进取心。进取心的高低往往影响学员在训练时的表现。那些缺乏进取心的学员，能完成任务，但并没有多大亮点；而进取心强的学员，不仅能把事情做好，还会尽自己的最大能力把事情做得更好。

“不管做什么事情，都要全力以赴。”罗赛·康威尔说，“成功的秘诀无他，不过是凡事都自我要求达到极致的表现而已。”成功的人绝对不会以平庸的表现自满，而且他们不管做什么事情，都会全力以赴、追求完美。

最大的成功都是属于具有“我能把事情做得更好”的态度的人。美国通用电器公司一直使用这样的口号来激励员工，那就是：“进步本身就是公司最重要的一项产品。”

心态决定着能力。相信自己能做得多好就能做多好。有一种人，对成功有潜在性的恐惧，他们认为自己不能成功，从而掉入了心理的陷阱，还没开始动手，就认为自己必定会成为悲剧的主角，这是非常错误的看法。任何人都有成功的可能，只要相信自己能做到，全力以赴，就有获得成功的资格。

在进入一个新的工作环境后，必然会遇到很多的困难，很多人回忆过去的事情时，总是想到痛苦，对当时的兴奋早已忘了。事实上，记住当时的兴奋与努力，才是鼓励你成功的最重要因素。

所以，最大的障碍是你自己，周围人的否定性想法，常会带给自己很大的负面影响。大部分的人，连朋友在内，都会对创意者的构想抱着怀疑心理，至于成功与否，他们并未仔细思考。

一个人对工作有没有主动性，有没有追求完美的精神，对于自身的发展十分重要。有许多聪明的人，他们的工作能力强，却得不到老板的赏识。为什么呢？他们不想接受命令，他们自以为聪明，一眼就看穿了他的雇主压榨员工的用心。当老板安排他们去办事的时候，他们总是干脆地回答："我不想去，你能安排其他的人吗？"这种人即使他们的全部才能被埋没，也不值得同情。

面对激烈的竞争，就要不断地超越平庸，追求完美，尽力做到不推脱、不敷衍、尽全力。这样的人不仅会做别人要求他们做的工作，而且也会做得非常完美。

有一个年轻人因为家境贫困，没有读过多少书。他去了一家工厂当工人，他的工友都比他有文化，所以都很受老板的喜欢。

时间久了，他发现老板开始交给他一些不属于他做的工作。比如去客户那里送一些资料，去供应商那里联络一些原料。后来老板甚至让他管理现金。因此，他学会了很多经营管理方面的知识，成了老板的得力助手。

有一天老板问他："你知道我为什么器重你吗？"

年轻人摇摇头。

老板说："因为你总是做得最好，你在车间的时候，虽然没有人要求你，但是你还是精益求精，努力做到最好，你的办事能力远远超出了我的期望值。后来我让你办理其他的一些事情，是因为你做得比其他人好。"

每个老板都喜欢积极主动、善解人意的员工，人们也乐意和这种人共事。从现在起开始为老板加倍努力吧，不要等着老板来吩咐，比自己分内的多做一点，比老板期待的多做一点，如此你就可以吸引老板的注意，得到加薪和升迁的机会。

光有自动自发的工作习惯是不够的，还需要有突破平庸、追求完美的精神，这才是个人进取的精义。那些能自动自发、全身心地投入到自己工作和事业中的人，总能发掘出无穷的机会。

◇建立使命感，尊重自己的工作◇

西点毕业生、西门子执行副总裁威廉·H·霍夫塔说：“世界太过于缤纷，每个人都在寻找自尊，事实上，你首先要尊重自己所从事的事业。我选择了西门子，我把生命、荣誉都交给她了。”

每个从西点军校毕业的学员，无不以自己的母校为荣。他们认为在那里收获了人生最美好的东西。而这份荣誉，来自于他们对母校的热爱，无论以后从事的是何种工作，这份尊重和热爱都贯彻其中。

工作是人的使命所在，是人类共同拥有和崇尚的一种精神。自动自发就是敬重自己的工作，将工作当成自己的事，具体表现为忠于职守、尽职尽责、认真负责、一丝不苟、善始善终等职业道德，建立一种使命感和道德责任感，这种道德责任感是成就事业的重要条件。

任何一家想竞争取胜的公司必须设法使每个员工能自动自发地工作，不懂得自动自发工作的员工就无法给顾客提供高质量的服务，就难以生产出高质量的产品。

无论从事什么行业，无论到什么地方，总是能发现许多投机取巧、逃避责任、寻找借口之人，他们不仅缺乏一种神圣使命感，而且缺乏对自动自发意义的理解。

自动自发地工作表面上看起来是有益于公司，有益于老板，但最终的受益者却是自己。自动自发地去工作的时候，就能从中学到更多的知识，积累更多的经验，就能从全身心投入工作的过程中找到快乐。工作上投机取巧也许只给你的老板带来一点点的经济损失，但是却可以毁掉你的一生。

有很多这样的人，出现问题不是积极、主动地加以解决，而是千方百计地为自己开脱责任，致使工作无绩效，业务荒废。事情一旦办砸了，总能找出一些冠冕堂皇的理由，以换得他人的理解和原谅，从而使自己的心理上得到暂时的平衡，但长此以往，人就会疏于努力，不再想方设法争取成功，注定将一事无成。

一个自动自发的人也许并不能获得上司的赏识，但至少可以获得他人的尊重。那些投机取巧之人即使利用某种手段爬到一个高位，但往往被人视为人格低下，无形中给自己的成功之路设置了障碍。不劳而获也许非常有诱惑力，但很快就会付出代价，他们会失去最宝贵的资产——名誉。

人们往往会尊敬那些能力中等但尽职尽责的人，而不会尊敬一个能力一等，但不能自动自发工作的人。

受人尊重会获得更多的自尊心和自信心。能自动自发、毫不吝惜地投入自己的精力和热情，渐渐就会为自己的工作感到骄傲和自豪，就会赢得他人的尊重。以主人和胜利者的心态去对待工作，工作自然而然就能做得更好。

一个对工作不够自动自发的人，往往是一个缺乏使命感的人。事实上，各行各业都需要全心全意、自动自发的员工，因为自动自发正是培养使命感的土壤，如果在工作中没有了职责和理想，生活就会变得毫无意义。所以，不管从事什么样的工作，都应该自动自发，求得不断的进步。

即使环境困苦，如果能全身心地投入工作，最后获得的不仅有经济上的宽裕，还会有人格上的自我完善。

麦金莱总统在德州一所学校演讲时，对学生们说：“比其他事情更重要的是，你们需要自动自发地把一件事情做得尽可能完美；与其他有能力做这件事的人相比，如果你能做得更好，那么，你就永远不会失业。”

能否自动自发决定日后事业上的成败。一个成功的经营者说：“如果你能真正制好一枚别针，应该比你制造出粗陋的蒸汽机赚到的钱更多。”

一旦领悟了自动自发地工作能消除工作的辛劳这一秘诀，就掌握了获得成功的原理，处处以自动自发的态度去工作，也能增添个人的荣耀。

军规二十二　立即行动

西点军校绝不允许学员做事拖延。如果存心拖延、逃避，就会找出成千上万个理由来辩解为什么不能够把事情完成。不管从事什么行业，抓住工作的实质，当机立断，立即行动，只有这样，成功才会最大限度地垂青于你。

◇立即行动，绝不拖延◇

在战场中，有许多不可预知的情况发生，从进西点军校的那一刻起，学员就被告知，不要等到万事俱备再采取行动。万事俱备固然可以降低你的出错率，但致命的是，它会让你失去成功的机遇。世间永远没有绝对完美的事，“万事俱备”只不过是“一再拖延”的代名词。

很多时候，许多事情若立即动手去做，就会感到快乐、有趣，加大成功几率；一旦延迟，愚蠢地去满足“万事俱备”这一先行条件，不但辛苦加倍，还会失去应有的乐趣。

雷厉风行是西点铁的行为准则，西点军校的学员们个个虎虎生威。西点著名将军布莱德利说：“只有在行动中，我们才会感觉到生命的悸动，才能让生命具有价值，才可以得到衣食住行的保障，才可以变得智慧、勇敢、坚毅和高尚起来。”

一名合格的西点学员，必须具有强有力的执行力，否则要完成任务是很困难的事情。要有雷厉风行的办事态度，每次接受到新的任务，立即就去做，这是一种很重要的思想，体现了一个人对自己的职责和使命的态度。思想影响态度，态度影响行动，这一点也充分体现了西点学员高效的执行力。

西点军校杜尼诗上校曾有过深刻的体会。当他还是个中尉的时候，第一次去外地执行任务，连长交代了七件事：向上级请示一些问题，要申请一些东西，包括地图和醋酸盐（当时醋酸盐严重缺乏）等等。尽管他没有多大把握，但他还是决定把这七件事都做好。既然连长把任务交代下来，这些任务也就是他自己的事，也就意味着这是他的责任。万一有什么差错，一切都必须由自己来承担。

当然事情的进展并不是很顺利，问题就出在醋酸盐上。当他向负责补给的中士说明连部多么需要醋酸盐时，中士只是冷冷地瞥了他一眼，什么都没有说，好像他根本就不存在一样。当他又说没有醋酸盐将会给连部造成多大损失时，中士又摆出一大堆理由说明醋酸盐是如何缺乏。当时他感到非常失望，甚至想放弃了。

但是如果争取不到醋酸盐，不仅仅是连部的事，也是自己的事，如果放弃，也就意味着自己放弃了自己。于是他硬着头皮继续和中士周旋。最后，他干脆摆出一副不可侵犯的架势，以示军人的威严。

中士终于批了一些醋酸盐给他。当中尉回去向连长复命的时候，连长并没有多说什么，但他的眼神里充满了肯定和赞许，因为他并没有想到杜尼诗能把七件事全部完成。杜尼诗之所以能够圆满完成任务，是因为他把所有的任务当成自己的事去做。

西点学员之所以能够成功，是因为他们有审时度势后付诸行动的速度。立即行动是西点学员共同的特质。

惠普的总裁马克赫德说："具有较强执行力的人就是能把事情做成，并且做到他自己认为的最好结果的人。"戴尔公司一直把高效执行放在首位，因此获得了巨大的成功。

瞬息万变的社会，存在很多不确定的因素，稍有迟疑，就可能使原有的计划变得一文不值。因此一旦有了好的计划就要立即付诸行动。

在工作中，很多员工会找许多借口为自己开脱。这样的员工通常不能得到老板的重用，他们对工作缺乏执行的力度。没有任何借口是执行力的表现，无论做什么事情，都要记住自己的责任，无论在什么样的工作岗位，都要对自己的工作负责。

无条件执行公司的决策是使公司能够稳妥发展的重要保障。能否执行上级的要求，是对员工严峻的考验。所以作为员工应该牢记，执行是最重要的，执行力就是竞争力。一个公司成败的关键在于执行。

在工作中一旦遇到很棘手的事时，往往会产生抱怨。但是在抱怨的同时，却有没有想过，既然选择了这项工作，肯定要为之付出自己的努力，进而实现自己的价值。换句话，工作无论是简单还是复杂，无论是枯燥还是有趣，都要去完成，抱怨只会平添烦恼。与其抱怨，不如马上动手用心去做。

无论在工作中执行什么样的任务，必须时刻铭记着"这是你自己的事"，既然从事了某一职业，选择了某一岗位，就必须接受它的全部，而不是仅仅享受它给你带来的益处和快乐。面对自己的职业和工作岗位，不要忘记工作所赋予自己的荣誉和责任，也不要忘记自己的使命。

做到"决不拖延"很不容易，因为这样难免发生失误。"决不拖延"的工作态度，会成为个人价值的一部分。养成"决不拖延"的工作习惯，就掌握了个人进取的秘诀。

作为一名员工，无论何时，只要你还在工作，就必须时刻铭记“这是你的工作”这句话，要记住自己的责任，无论在什么样的工作岗位上，都要对自己的工作负责。以经营自己事业的严格标准来要求自己，认真负责地面对当前的工作。

不管从事什么行业，抓住工作的实质，当机立断，以这种态度面对工作会消减准备工作中一些看似可怕的困难与阻碍，引领你更快地抵达成功的彼岸。

◇果敢出手，抢在前头◇

西点军校学员任何时候都是训练有素的榜样。任何时候，他们都会以最快的速度完成上司交给的任务，绝不会拖延半分钟。速度决定成败，在战场上，可能就因为这半分之差而使整个计划落空，甚至全盘皆输。

对于企业来说，抢占先机是一个企业成功制胜的法宝。面对一个新的市场，要果敢出手、迅速行动，才能赢得更多的成功。错过了时间就等于失去了机会。

1983 年，时任中国光大实业公司董事长的王光英看到了一份工作人员为他准备的报告。他从报告中得知，智利一家倒闭的铜矿由于急于还债，需要处理一批二手矿车。这批矿车都是倒闭前不久矿主为加快工程进度采购的，几乎没怎么用过。矿车均为名牌车，共有 1500 辆。

于是，王光英马上派人与智利矿主取得了联系，表示买车的意愿；与此同时，火速成立了由专家与工作人员组成的负责购车的派遣组。临行前，王光英告诉他们，要有勇气，要相信自己的判断力，不要事事请示，只要你们认为车好价格好，就果断拍板成交。

派遣组人员验车后，认为各项指标都合格。于是他们马上开始了与矿主的讨价还价。矿主由于还债心切，双方很快以原价八折的价格成交了。协议刚达成，一位买车的美国商人就来到了铜矿。

王光英的这次果敢决策，为国家净赚了2500万美元。试想，要是他面对信息犹豫不决、瞻前顾后，那批车肯定就被那位美国商人捷足先登了，2500万美元也就进了别人腰包。可见，速度就是效率，拖延只能导致失败。

如今的社会是一个信息社会，机会稍纵即逝，谁能快速把握市场供需，谁就能获得财富，也就能成为时代的佼佼者。

许多人都知道“杀人蜂”，也正是这种罕见的蜜蜂，令艾迪和他的一个同伙损失了一大笔钱。

杀人蜂原产于非洲，其体型健壮，适应能力强，喜欢成群结队攻击某一目标，它的毒性非常大，可以轻而易举地蜇死动物，即使是人在没有任何防御措施的情况下，遇到杀人蜂也会有生命危险，所以，人们对这种蜜蜂都产生了防范心理。

不知是何时，也不知道是何人所为，杀人蜂被带到了巴西，并向北延伸到了南美洲北边的法属殖民地圭亚那。

20世纪70年代后期，在人们对杀人蜂惶恐不安的情况下，美国的一些记者为了写出具有震撼力的新闻，煞有介事地惊呼“杀人蜂正在向北进军”、“杀人蜂席卷得克萨斯”等等。在这种情况下，美国人对杀人蜂的熟悉程度已经达到了高潮，人们几乎天天关注着杀人蜂的最新动态。

在这个时候，一位名叫艾迪的自由撰稿人，怀着和其他记者、作家相同的梦想，来到法属圭亚那，他希望能够寻找到关于杀人蜂的切实可靠的素材，写出一部具有轰动效应的书。为了体验生活，他住进了一位养蜂人的家中，以便随时观察杀人蜂的习性、爱好。

有一天，艾迪惊喜地发现，表面上看起来十分凶残的杀人蜂，酿出来的蜜是如此清淡甘甜，他的惊喜程度绝不亚于哥伦布发现新大陆。这时候，艾迪突然产生一个奇思妙想，他想杀人蜂正处于热门状态，人们对其有深刻的认识，如果能趁机将杀人蜂酿出的蜜推向市场，一定可以赢得一笔可观的利润。当时，正好赶上圣诞节这个销售高峰期，如果能把握住这一千载难逢的好机会，一定可以大赚一笔。

说做就做，艾迪立刻乘飞机回到了美国，立刻联络其他朋友，希望能找到合作伙伴，可是，由于人们对杀人蜂的惧怕，以及这是一个离奇的想法，没有人愿意冒这个险。因此，艾迪决定单枪匹马地做这项伟大的事业。他首先加入了巴西－美国友谊协会，希望通过这一方法获取有关蜂蜜走向的最新资料。在此同时他还向几家蜂蜜公司洽谈购买杀人蜂蜂蜜的相关事宜。为了能顺利地完成这项伟大的事业，他专门聘请了一位艺术专家，专门替他设计盛放蜂蜜的瓶子。

筹备工作在紧锣密鼓地进行着，这时候，一位曾经做过生意的人前来找艾迪，希望能与他共同完成这一利润可观的生意。二人兴冲冲地乘飞机到了巴西，共同出资收购了一吨杀人蜂蜂蜜，并用轮船运到美国，又用卡车运到他们的公司所在地。

有了货，接下来的工作就简单了，他们加紧了步伐，忙忙碌碌地展开了各项工作。他们除了要购买瓶子、瓶盖、标签、说明书、纸箱以外，还要雇佣许多人。眼看着成本在一点点地向上升，但艾迪与合伙人也无计可施，每一项工作都要做，想节省些开支是不可能的，事已至此，只能继续做下去，希望能从销量上弥补成本。

一切准备就绪以后，艾迪与合伙人不禁吃了一惊，一瓶蜂蜜的造价已经超出了 1 美元，在这 1 美元里还不包括公司开办所需要的各种费用，艾迪又仔细核算了销量与成本间的关系，得出这样一个结论，除了把所有库存全部卖出去以外，还要销出 6000 多瓶才能与成本持平，如果想赚到预想中的100万美元，必需销出130万瓶。在任务重、资金不足的情况下，艾迪与合伙人展开了销售工作。可是，问题又出现了，由于加工蜂蜜时延误了一些时间，销售旺季——圣诞节已经过去了，换个说法就是他们错过了一个促销的大好时机。这使他们陷入了困境，但是大批量的蜂蜜囤积在手里，已经是"箭在弦上，不得不发了"。他们只好背水一战。艾迪把眼光瞄向了情人节，准备在情人节期间把销量提高上去。于是，他们穿上养蜂人的衣服，在商场门前做起了促销活动。他们将蜂蜜涂在小饼干上，希望借此赢得消费者的认可。

可是，这么做的效果似乎并不理想。实际销量仍然没提高上去。就这样，情人节无声无息地过去了。艾迪和他的合伙人非常失望地看着积压在手里的蜂蜜。他们只好等着来年的圣诞节。

又一个圣诞节来临了，艾迪与合伙人又在摩拳擦掌，准备大干一番了，可是，人们早已将杀人蜂的事情淡忘了，没有人再重提这一事件了。所以，艾迪的杀人蜂蜂蜜更是无人问津。等待他们的只有宣告破产，最后，艾迪心灰意冷地解散了公司，背上了沉重的债务，重新拿起笔过起了他的写作生活。

从艾迪的失败可以看出，时间对于经商者的重要程度，错过一次时机就可能造成重大损失，甚至是破产；如果能在恰当的时间里，第一时间抢占优势，就可能把事情做好，取得成功。

◇改掉拖延的坏习惯◇

西点将军布莱德雷说：“习惯性拖延的人常常也是制造诸多借口与托辞的专家。如果你存心拖延、逃避，你自己就会找出成千上万个理由来辩解为什么不能够把事情完成。”

西点军校决不允许学员做事拖延。当军号声响起，每一个学员必须准确无误地列队集合。一次拖延，可能延误一场战事，为此就要付出相应的代价。所以，他们的口号是“决不拖延”。

借口是拖延的温床，拖延者通常也是制造借口的专家。这类人经常为了没做某些事而制造借口。

有时候商场就是战场，工作就如同战斗。要想在商场上立于不败之地，就必须拥有一支高效能的团队。

很多人或多或少存在拖延的习惯，已经计划好的事，就是迟迟不能付诸实行，“等明天”、“等合适的时候”，最后可想而知，结果是一事无成。

在美国联邦快递公司，曾发生过这样一件事：

有一天，联邦快递公司的风险管理部门接到警方的来电，一个人报案说他的车子被一部联邦快递的运货车撞坏了，但是车主是通过一位目击者的转告才知道此事的，所以没有记下任何车子的资料。

该部门的经理接到报案后，立即用辅助调配系统发送一条讯息，让那个在被撞车附近执行运送任务的运务员与服务站联络。下午两点的时候，一位运务员回到服务站，慌慌张张地向这位经理报告，他早上执勤时撞到一辆停在旁边的车。

运务员说，他那天早上准备将货车倒入停车位时，不小心撞到停在左边的车子。他赶紧下车检查车辆的受损状况，车子损害不大，由于他担心会延误到后续的快递流程与时效，所以赶着去送货而没有马上报告发生的事故。但他绝对不是有意隐瞒不报，而是想在完成任务后，回到服务站后再立即呈报。他坦承自己的处理有过失，愿意接受公司的处分。

营运经理在评估整个事件时，认为运务员延迟三个小时才汇报事实，在肇事后离开现场，也没有留下任何讯息给车主，这明显地违反了公司的规定。因此决定开除这名员工。

这位运务员知道后立即向上级主管提出申诉，经申诉会议重新审视案件的所有文件资料，认定这位运务员是在回到服务站后立即主动地向经理汇报，所以决定让这位运务员复职，但要停职两周，以让他了解立即汇报意外事件对公司的重要性。

拖延是一种很坏的工作习惯。每当要作出抉择时，习惯于拖延的人总会为自己找出一些借口来自我安慰，这种拖延的恶习给工作和生活带来很多不利的影响，甚至阻碍事业的发展。

成功者之所以能够成功，不仅仅归功于他们深思熟虑的思想，更要归功于他们高效的办事能力，如今是一个讲究效率的时代，瞬息万变的社会存在着很多不确定因素，稍有迟疑，就可能使原本很有创意的构思在短时间内失去价值和意义。因此，一旦有了好主意就得马上实行。

生活就如莱特所形容的那样：“骑着一辆脚踏车，不是保持平衡向前进，就是翻倒在地。”有时间观念的员工，他们会确定做好每一件工作所需要的时间，并且强迫自己按时在规定的时间内完成工作。

那些工作效率高、做事多，并且乐此不疲的人，往往能担任公司最重要的职务。

借口是拖延的温床，艾伦拖拉的毛病让他在求职路上遭遇一连串的挫败。从他的失败中不难看出，这些拖延都是借口所致，如果艾伦能够摒弃借口，踏踏实实去工作，就不会一次次被人拒之门外。由此可见，只有不拖延不找借口，才能够不断赢得机会，获得成功。

人拒绝借口的一种有效方法就是：不能出尔反尔，不能重新考虑。抱着战胜一切困难的决心的员工，他们从不寻找借口。这样的人不但能引起别人的敬佩，而且能获得老板的赏识。

而有些人常想为自己留一条退路，他们不明白，用心工作是可以生出一种自信的，而且这种自信能治愈寡断这个顽疾。

有些人能在瞬间果断地战胜惰性，积极主动地面对挑战；有些人却深陷于惰性的泥潭，不知所措。人们都有这样的经历，每天清晨被闹钟惊醒时，一边想着自己所订的计划，一边又感受着被窝里的温暖，虽然你不断地对自己说该起床了，但又总是忍不住给自己寻找借口：“再睡一会吧，还早呢。”于是，在忐忑不安之中，又躺了五分钟，甚至十分钟，于是，时间就在一分一秒中过去了。

懒惰和犹豫是人们通常选择借口的原因，古罗马皇帝在临终时留下这样一句遗言：“懒惰是一种借口，勤奋工作吧。”

有些人喜欢把重要的事情放在后面去做，这就是寻找借口的表现，无论是什么样的问题，都应该慎重考虑，不能犹豫，更不能逃避。

埃克森美孚公司的每一位员工都知道自己的职责是什么，当上司把任务分配下来的时候，他们只有这样一个念头：“是的，我立即去完成。”也就是“我决不拖延”。

拖延是有碍成功的一种恶习，很多人身上都潜藏着这种恶习，只是并未意识到这一点，反而找出各种理由为自己辩解。对于那些成功者而言，则恰好与此相反。

拖延是对生命的浪费。如果将一天的时间记录下来，就会惊讶地发现，拖延正在不知不觉地消耗着我们的生命。

要想成为一名优秀的员工，首先就要克服拖延的恶习，怎样才能克服拖延的坏习惯呢？可以遵循以下几点：

（1）合理规划。将要做的事进行规划安排，能马上做的就马上做，不能马上做的，定下明确具体的时间。不要让那些不应该做的事占用你的时间。

（2）多想办法和计谋。比如将繁杂的工作适当分解为许多小的行动步骤，一点一点地完成任务。

（3）限时完成任务，给自己一定的激励和约束。

（4）寻求帮助，找合作伙伴或取得别人的支持。

要把握成功，必须丢掉借口，不能有任何的拖延，一旦把拖延的习惯改掉，养成积极行动的好习惯，你的工作效率就会提高，你的工作业绩也会大幅度增加。